일본어
문형 N3

저자 JLPT 연구모임

시사일본어사

머리말

　일본어를 학습하다 보면 단어의 뜻과 문법을 알고 있어도 전체적인 의미나 뉘앙스를 파악하기 힘들 때가 있습니다. 또, 작문을 해도 어색한 표현이 되거나 오용을 하게 되는 경우가 많습니다. 그래서 단어, 한자, 문법 공부만큼 중요한 것이 바로 '문형' 학습입니다.

　예를 들어 '추측 표현'의 경우, 말하는 사람의 주관적인 판단에 의한 것인지 객관적인 근거에 의한 것인지에 따라 사용하는 표현이 달라지며, '가정 표현'도 상황에 따라 어울리는 표현이 각각 있기 때문에 최대한 다양한 예문을 통해 쓰임새를 익혀 두는 것이 좋습니다.

　이 책은 일본어능력시험에 대비할 수 있을 뿐 아니라 일상생활에서 자주 쓰는 일본어 표현을 익히는 데에도 유용하게 활용할 수 있도록 구성되어 있습니다.

　먼저, 문형의 품사별 접속 방법을 도식화하여 한눈에 파악할 수 있도록 했고, 각 품사가 활용된 대표적인 용례를 제시해 놓았습니다. 아울러 해당 문형과 관련 있는 표현이나 참고해 두면 유용한 표현, 틀리기 쉬운 부분이나 유의해야 할 부분도 해설을 덧붙여 심화 학습이 가능하도록 했습니다.

　확인 문제에서는 일본어능력시험(JLPT) 문법 파트에서 출제되는 '문법형식 판단 유형'과 '문장 만들기 유형'의 문제를 수록했습니다. '문법형식 판단 유형'은 문장의 내용에 맞는 문형 표현, 즉 기능어를 찾아서 넣는 문제이고, '문장 만들기 유형'은 나열된 단어를 의미에 맞게 조합하는 문제입니다. 문제를 풀면 시험의 출제 유형을 파악해 둘 수 있을 뿐만 아니라 학습한 문형을 확실히 기억할 수 있는 효과가 있습니다.

　최대한 심플하고 직관적으로 구성하되 범용성이 높은 예문을 제시했으니, 일본어에 흥미가 있으시거나 시험을 준비하시는 분들께 조금이나마 도움이 되길 바랍니다.

JLPT 연구모임

책의 구성 및 활용법

- **필수 문형 익히기**
  일본어능력시험에 자주 출제되는 일본어 문형을 선별했습니다.

- **원어민 음성 듣기**
  휴대폰으로 QR코드를 찍으면 원어민 음성을 들을 수 있습니다.

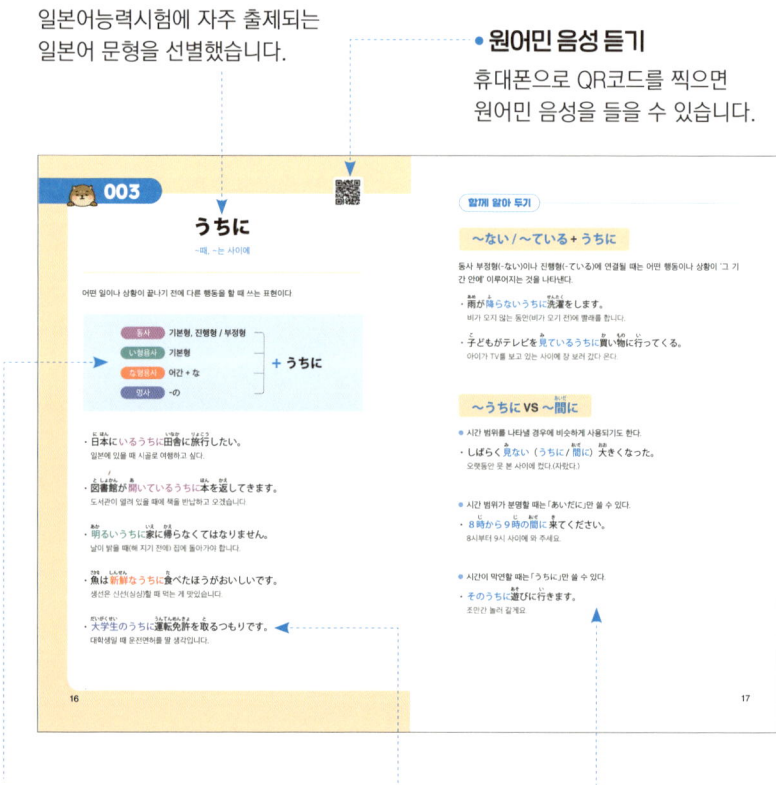

- **접속 방법 확인하기**
  품사별 접속 형태를 간단히 체크해 봅시다. 공식처럼 외우지 말고 제시된 예문을 통해 익히는 것이 좋습니다.

- **유사 표현 비교하기**
  의미가 유사하거나 형태가 유사한 표현을 뽑아 설명과 예문을 추가했습니다.

- **품사별 예문 익히기**
  일상생활에서 바로 활용 가능한 예문들을 수록했습니다. 접속 방법에 표시된 품사별 컬러와 동일하게 구성했습니다.

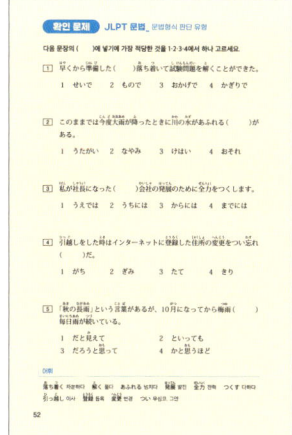
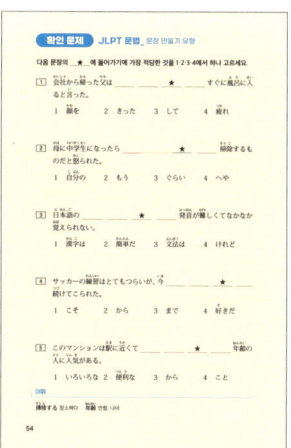

● 문제 풀어 보기

일본어능력시험 문법 파트에서 출제되는 유형과
동일한 문제가 제공됩니다.
문제를 풀면서 실력을 점검해 봅시다.

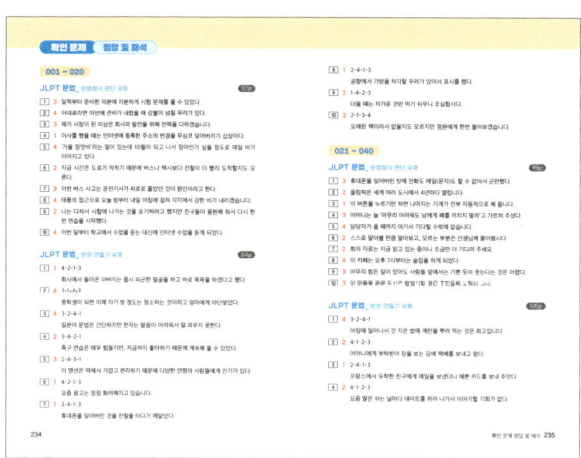

● 정답 확인하기

교재 뒷부분에 확인 문제의 정답과 해석이 있습니다.
틀린 문제는 다시 한번 해당 문형으로 돌아가 내용을
복습해 봅시다.

5

일러두기

품사별 접속 형태와 용어를 살펴봅시다.

품사		활용 형태	예
동사		기본형 (=사전형)	書く, 見る, する, 来る
		보통형 (=반말체)	書く, 書かない, 書いた, 書かなかった…
		ます형 (ます 앞부분을 가리킴)	書きます, 見ます, します, 来ます
		ない형 (ない 앞부분을 가리킴)	書かない, 見ない, しない, 来ない
		て형 (-て·で)	書いて, 見て, して, 来て
		た형 (-た·だ)	書いた, 見た, した, 来た
		가정형 (-ば)	書けば, 見れば, すれば, 来れば
		의지형 (-う·よう)	書こう, 見よう, しよう, 来よう
い형용사		기본형 (=사전형)	おいしい, さむい
		보통형 (=반말체)	おいしい, おいしくない, おいしかった, おいしくなかった…
		어간	おいし, さむ
		어간 + く	おいしく, さむく
		부정형 (어간 + くない)	おいしくない, さむくない
		연결형 (어간 + くて)	おいしくて, さむくて
		과거형 (어간 + かった)	おいしかった, さむかった
		가정형 (어간 + ければ)	おいしければ, さむければ

품사	활용 형태	예
な형용사	기본형 (=사전형)	きれいだ, しずかだ
	보통형 (=반말체)	きれいだ, きれいじゃ(では)ない, きれいだった, きれいじゃ(では)なかった…
	어간	きれい, しずか
	부정형 (어간 + じゃ(では)ない)	きれいじゃ(では)ない, しずかじゃ(では)ない
	연결형 (어간 + で)	きれいで, しずかで
	과거형 (어간 + だった)	きれいだった, しずかだった
	가정형 (어간 + なら(ば))	きれいなら(ば), しずかなら(ば)
	어간 + な	きれいな, しずかな
명사	명사	休(やす)み, 学生(がくせい)
	보통형 (=반말체)	休(やす)みだ, 休(やす)みじゃ(では)ない, 休(やす)みだった, 休(やす)みじゃ(では)なかった…
	연결형 (-で)	休(やす)みで, 学生(がくせい)で
	과거형 (-だった)	休(やす)みだった, 学生(がくせい)だった
	가정형 (-なれば, -であれば)	休(やす)みならば, 休(やす)みであれば, 学生(がくせい)ならば, 学生(がくせい)であれば

목차

001	いっぽうだ	12
002	うえに	14
003	うちに	16
004	おかげで	18
005	おそれがある	20
006	お(ご)〜になる / お(ご)〜する	22
007	かける	24
008	がちだ	26
009	かとおもうほど	28
010	かもしれない	30
011	から	32
012	から 〜にかけて	34
013	からには	36
014	かわりに	38
015	きる	40
016	くらい / ぐらい	42
017	けれど(も)	44
018	こそ	46
019	こと	48
020	ことから	50

확인 문제 … 52

021	ことになる	56
022	ごとに	58
023	さいちゅう(に)	62
024	さえ 〜ば	64
025	させる	66
026	しかない	68

027	しろと / するなと	70
028	せい(で)	72
029	だけ	74
030	たて(の)	76
031	たとえ 〜ても	78
032	たところ	80
033	たとたん(に)	82
034	たびに	84
035	たら 〜のに	86
036	だらけ	88
037	だろう	90
038	ついでに	92
039	っけ	94
040	って	96

확인 문제 98

041	つもりだ ①	102
042	つもりだ ②	104
043	てあげる	106
044	てからは	108
045	てくる / ていく	110
046	てくる	112
047	てしかたがない	114
048	てはじめて	116
049	てほしい	118
050	と	120
051	といい(のに、けど)	122
052	という	124

목차

053	といっても	126
054	とおり(に)	128
055	とか～とか	130
056	ところだ	132
057	として	134
058	(たとえ)～としても	136
059	とすると	138
060	とともに	140

확인 문제 ……… 142

061	とはかぎらない	146
062	とみえて	148
063	ないわけにはいかない	150
064	など(は)	152
065	なんて	154
066	において	156
067	にかかわりなく	158
068	にかぎる	160
069	にかけては	162
070	にきまっている	164
071	にくらべて	166
072	にしたがって	168
073	にしても～にしても	170
074	にする	172
075	にたいして	174
076	にちがいない	176
077	にとって	178
078	にはんして	180

| 079 | にわたって | 182 |
| 080 | のに | 184 |

🐹 확인 문제 … 186

081	はずだ	190
082	ばかりでなく	192
083	ば～ほど	194
084	べきだ	196
085	ほど～はない	198
086	まま(で)	200
087	むき / むけ	202
088	ものだ	204
089	ようがない	206
090	ようだ	208
091	ようとしない	210
092	よう(に)	212
093	られる	214
094	わけがない	216
095	わけだ	218
096	わりに(は)	220
097	をきっかけに	222
098	をこめて	224
099	をつうじて	226
100	をもとに(して)	228

🐶 확인 문제 … 230

● 확인 문제 정답 및 해석 … 234

いっぽうだ

점점 더 ~해지다, 계속 ~하고 있다

어떤 상황이 한쪽 방향으로 계속 진행되어 가는 것을 나타내는 표현이다. 변화를 나타내는 동사와 접속하며 い형용사는 「～くなる ~(어/아)지다」, な형용사는 「～になる ~(어/아)지다」의 형태로 접속할 수 있다.

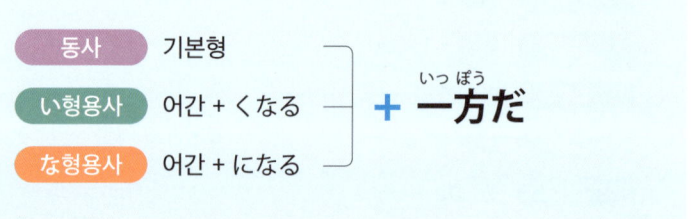

- 去年から物価は上がる一方です。
  작년부터 물가는 오르기만 하고 있습니다.

- 効果がある薬がないので病気は悪化する一方です。
  효과가 있는 약이 없어서 병은 점점 악화되기만 합니다.

- 台風が通過しながら各地で雨や風の被害が増える一方です。
  태풍이 지나가면서 각지에서 비바람의 피해가 늘어가기만 합니다.

- 雨が降り続いて野菜の値段が高くなる一方です。
  계속 비가 와서 채소 가격이 비싸지기만 합니다.

- 新しいスマートフォンは使い方が複雑になる一方です。
  새로운 스마트폰은 사용 방법이 복잡해지기만 합니다.

함께 알아 두기

～一方だ VS ～ばかりだ

「一方だ」는 갈수록 나빠지거나 좋아지는 상황에 모두 사용할 수 있지만, 「ばかりだ」는 나쁜 방향으로 진행되는 것을 나타낼 때 사용하며, 회화에서 주로 사용한다.

・努力しているから成績は上がる一方です。
　노력하고 있기 때문에 성적은 계속 오르고 있습니다.

・手術をしても病気は悪くなるばかりだった。
　수술을 해도 병세는 나빠질 뿐이었다. (계속 나빠졌다.)

～一方(で) VS 一方～

「一方」는 본래 '한쪽'이라는 뜻인데, 동사 기본형에 접속하면 '~하는 한편으로'라는 뜻이 되며, 문장의 첫머리에 쓰이면 앞 문장의 내용과 대립되는 내용이 이어지면서 '한편'이라는 뜻의 부사가 된다.

・高齢者が増える一方で若者の人口は減っています。
　고령자가 늘어나는 한편으로 젊은 사람의 인구는 줄고 있습니다.

・台風9号は東に抜けました。一方、新しい台風が近づいています。
　태풍 9호는 동쪽으로 빠져나갔습니다. 한편, 새로운 태풍이 다가오고 있습니다.

うえに
~는 데다가

어떤 상황이 같은 방향(좋은 것 → 좋은 것, 나쁜 것 → 나쁜 것)으로 잇따라 일어나는 것을 나타내는 표현이다.

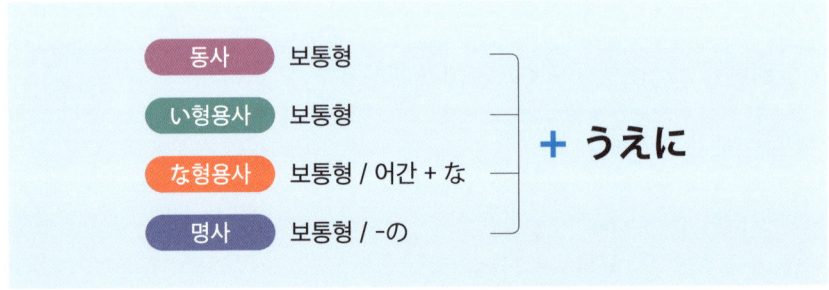

- 昨日は雨が降ったうえに、強い風も吹いて体がぬれてしまった。
  어제는 비가 온 데다가 강한 바람도 불어서 몸이 젖어 버렸다.

- この店は料理がおいしいうえに、値段も安くて人気があります。
  이 가게는(집은) 요리가 맛있는 데다가 가격도 저렴해서 인기가 있습니다.

- 図書館は静かなうえに、本もたくさんあるので勉強がしやすい。
  도서관은 조용한 데다가 책도 많이 있어서 공부하기 좋다.

- このタブレットは使い方が簡単なうえに、値段も安かったから買いました。 이 태블릿은 사용법이 간단한 데다가 가격도 저렴해서 샀습니다.

- 今月は友だちの結婚式のうえに、留学生の送別会もあってお金がかかりました。
  이번 달은 친구 결혼식이 있는 데다가 유학생 송별회도 있어서 돈이 (많이) 들었습니다.

함께 알아 두기

～うえに vs ～だけでなく

「A うえに B」는 'A만이라도 충분한데 거기에 더해서 B까지'라는 의미로, 정도가 심한 것을 표현하지만 「A だけでなく B」는 정도가 심하다는 느낌보다는 단순히 'A뿐만 아니라 B도', 즉 'A와 B 모두'를 말할 때 쓰는 표현이다.

- 日本語学校は毎日授業を受けるうえに作文も書きます。
  일본어 학교는(학원은) 매일 수업을 받는 데다가 작문도 씁니다. (힘들다는 느낌)

- 日本語学校は毎日授業を受けるだけでなく作文も書きます。
  일본어 학교는(학원은) 매일 수업을 받을 뿐만 아니라 작문도 씁니다.
  (수업 외에 작문도 쓰게 되어 있다는 사실을 말할 뿐임)

- ランチを頼んだらデザートが出てきたうえにコーヒーまでついてきた。
  런치를 시켰더니 디저트가 나온 데다가 커피까지 따라 나왔다.

- 今日は雨が強いうえに風もあるから外に出ないほうがいいです。
  오늘은 비가 센 데다가 바람도 불어서 밖에 나가지 않는 편이 좋습니다.

- ロボットは人間ができない仕事をするうえに費用もあまりかからない。
  로봇은 인간이 할 수 없는 일을 하는 데다가 비용도 별로 들지 않는다.

- 新しいビルの建設には市の担当者だけでなく住民も反対している。
  새로운 빌딩 건설에는 시 담당자뿐만 아니라 주민도 반대하고 있다.

- カレンダーを見ると今週だけでなく来週も連休がある。
  달력을 보니 이번 주뿐만 아니라 다음 주에도 연휴가 있다.

- この公園は子どもたちだけでなく老人も楽しめる。
  이 공원은 어린이들뿐만 아니라 어르신도 즐길 수 있다.

うちに

~때, ~는 사이에

어떤 일이나 상황이 끝나기 전에 다른 행동을 할 때 쓰는 표현이다.

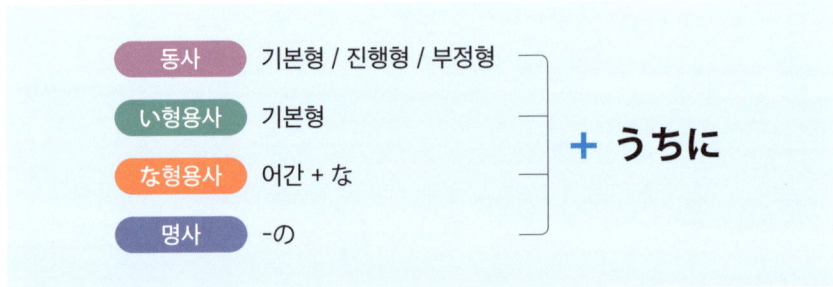

- 日本にいるうちに田舎に旅行したい。
  일본에 있을 때 시골로 여행하고 싶다.

- 図書館が開いているうちに本を返してきます。
  도서관이 열려 있을 때에 책을 반납하고 오겠습니다.

- 明るいうちに家に帰らなくてはなりません。
  날이 밝을 때(해 지기 전에) 집에 돌아가야 합니다.

- 魚は新鮮なうちに食べたほうがおいしいです。
  생선은 신선(싱싱)할 때 먹는 게 맛있습니다.

- 大学生のうちに運転免許を取るつもりです。
  대학생일 때 운전면허를 딸 생각입니다.

함께 알아 두기

~ない / ~ている + うちに

동사 부정형(-ない)이나 진행형(-ている)에 연결될 때는 어떤 행동이나 상황이 '그 기간 안에' 이루어지는 것을 나타낸다.

- 雨が降らないうちに洗濯をします。
  비가 오지 않는 동안(비가 오기 전)에 빨래를 합니다.

- 子どもがテレビを見ているうちに買い物に行ってくる。
  아이가 TV를 보고 있는 사이에 장 보러 갔다 온다.

~うちに VS ~間に

- 시간 범위를 나타낼 경우에 비슷하게 사용되기도 한다.
  - しばらく見ない（うちに / 間に）大きくなった。
    오랫동안 못 본 사이에 컸다.(자랐다.)

- 시간 범위가 분명할 때는「あいだに」만 쓸 수 있다.
  - 8時から9時の間に来てください。
    8시부터 9시 사이에 와 주세요.

- 시간이 막연할 때는「うちに」만 쓸 수 있다.
  - そのうちに遊びに行きます。
    조만간 놀러 갈게요.

おかげで
~덕분에

타인이나 어떤 상황 덕분에 좋은 결과가 나와 감사하는 마음을 표현할 때 사용한다.

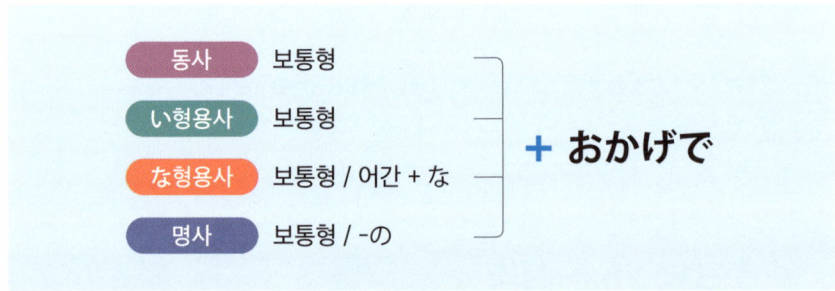

- この薬を飲んだおかげで病気が早く治った。
  이 약을 먹은 덕분에 병이 빨리 나았다.

- 天気がいいおかげで楽しい旅行ができると思います。
  날씨가 좋은 덕분에 즐거운 여행을 할 수 있으리라 생각합니다.

- 問題が単純だったおかげですぐに解けました。
  문제가 단순했던 덕분에 금방 풀렸습니다.

- 英語が得意なおかげで今度の試験は無事に合格した。
  영어를 잘하는 덕분에 이번 시험은 무사히 합격했다.

- 先生が日本人だったおかげで日本の文化も教えてもらいました。
  선생님이 일본인이었던 덕분에 일본 문화도 배웠습니다.

- 子どものおかげで毎日幸せに暮らしています。
  아이 덕분에 매일 행복하게 살고 있습니다.

> **함께 알아 두기**

- 「おかげさまで ~덕분에」는 「ごちそうさま 잘 먹었습니다」, 「おつかれさま 수고하십니다(하셨습니다)」와 같이 공손하게 표현할 때 쓰는 접미어 「さま」가 들어간 형태로, 상대방이 자신을 위해 꼭 무엇인가를 해 주지 않았다 해도 인사말처럼 쓰는 경우가 많다.

- A 息子さんが生まれたそうですね。おめでとうございます。
  아드님이 태어났다면서요. 축하드립니다.
  B おかげさまで、元気に育っています。
  덕분에 무럭무럭 자라고 있습니다.

- 「おかげで」는 보통 좋은 내용에 쓰지만, 반어적으로 비꼬아서 쓸 때도 있다.

- 君がスイッチを切ったおかげでデータが全部消えてしまったよ。
  네가 스위치를 끈 덕분에 데이터가 전부 지워져 버렸어.

~おかげで vs ~せいで

「~おかげで」와 반대로 무엇 때문에 잘 안될 경우에는 「~せいで ~는 탓(바람)에」라는 표현을 쓴다.

- 毎日野菜ジュースを飲んでいるおかげで気分がいい。
  매일 야채 주스를 마시고 있는 덕분에 기분이 좋다.

- パソコンが故障したおかげで本を読む時間ができました。
  컴퓨터가 고장 난 덕분에 책을 읽을 시간이 생겼습니다.

- 寝る前にコーヒーを飲んだせいで朝まで眠れなかった。
  자기 전에 커피를 마신 탓에 아침까지 잠을 못 잤다.

- パソコンが故障したせいでメールを読むことができません。
  컴퓨터가 고장 난 바람에 메일을 읽을 수가 없습니다.

おそれがある
~할 우려가 있다

어떤 사건이나 나쁜 일이 일어날 가능성이 있다는 뜻의 문장체 표현으로, 뉴스 등에서 많이 쓰인다.

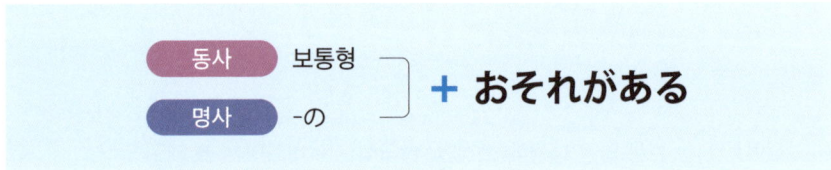

- 外国で一人で歩いていると道に迷うおそれがある。
  외국에서 혼자 걷고 있으면 길을 잃어버릴 우려가 있다.

- スマホを見ながら歩いていると人にぶつかるおそれがある。
  스마트폰을 보면서 걷고 있으면 사람과 부딪칠 우려가 있다.

- 帽子をかぶらないと日焼けするおそれがあります。
  모자를 쓰지 않으면 햇볕에 탈 우려가 있습니다.

- 明日は大雨のおそれがある。
  내일은 호우가 내릴 우려가 있다.

- 不景気でせっかく就職した人も失業のおそれがある。
  불경기로 애써 취직한 사람도 실업의 우려가 있다.

- 事故が起きたため高速道路は混雑のおそれがあります。
  사고가 났기 때문에 고속 도로는 혼잡의 우려가 있습니다.

함께 알아 두기

- 「おそれ 우려」는 아직 일어나지 않았지만 일어날 가능성을 말하는 표현이므로 현재형에 접속하는 경우가 많다.
「〜だろう ~(이)겠지, ~(일) 거야」, 「〜かもしれない ~(일)지도 모른다」 등 미래의 추측을 나타내는 말과 같이 쓰지 않는다. 나쁜 일이 생길지도 모른다고 할 때에 자주 사용되는 딱딱한 표현이므로 뉴스나 게시물 등에 주로 쓰인다.

- 걱정이나 우려를 나타내는 또 다른 표현으로 「危険がある ~위험이 있다」, 「不安がある ~불안이 있다」 등이 있다.

- 山道でタバコを捨てると山火事が起きる危険がある。
산길에서 담배 꽁초를 버리면 산불이 일어날 위험이 있다.

- 早く手術をしなければ生命の危険があります。
빨리 수술을 하지 않으면 생명의 위험이 있습니다.

- 道路が混むのでいつも遅刻するかもしれないという不安がある。
도로가 막히기 때문에 항상 지각할지도 모른다는 불안감이 있다.

- 自分にできるかどうか不安があったが大丈夫だった。
내가 할 수 있을지 어떨지 불안했지만 괜찮았다.

お(ご)〜になる / お(ご)〜する

~하시다 [존경] / ~하다, ~해 드리다 [겸양]

「お(ご)〜になる」는 상대를 높이는 존경 표현이며, 「お(ご)〜する」는 나를 겸손하게 낮추는 겸양 표현이다. 명사의 경우 「する」를 붙이면 동사가 되는 동작성 명사와 함께 쓰인다.

お(ご) 　동사　 ます形 ＋ になる / する
お(ご) 　명사　 　　　＋ になる / する

존경　お(ご) + 〜になる

- (私を)お呼びになりましたか。 (저를) 부르셨습니까?
- 先生がお決めになりました。 선생님이 결정하셨습니다.
- 学校で日本語をお教えになります。 학교에서 일본어를 가르치십니다.
- サービスをご利用になりますか。 서비스를 이용하시겠습니까?

겸양　お(ご) + 〜する

- 今、先生をお呼びします。 지금 선생님을 불러 드리겠습니다.
- (私が)お決めしましょうか。 (제가) 결정해 드릴까요?
- 私がお教えします。 제가 가르쳐 드리겠습니다.
- どちらにご連絡すればいいですか。 어디로 연락드리면 될까요?

함께 알아 두기

- 정중함을 나타내거나 이야기 전체를 부드럽게 하는 미화어로 「お」와 「ご」라는 접두어가 있는데, 일반적으로 「お」는 고유어 앞에, 「ご」는 한자어 앞에 붙인다.

> **TIP** 고유어와 한자어를 구별하는 가장 쉬운 방법
>
> - 한자 읽는 방식이 우리와 다를 때, 즉 <u>훈독</u>일 때 → 고유어
>   예) 이름 お名前[なまえ] [나마에]
>
> - 한자 읽는 방식이 우리와 비슷할 때, 즉 <u>음독</u>일 때 → 한자어
>   예) 소개 ご紹介[しょうかい] [쇼-까이]

- 예외: 음독 한자어이지만 「ご」가 아니라 「お」가 오는 경우

  - お食事[しょくじ] 식사
  - お電話[でんわ] 전화
  - お返事[へんじ] 대답
  - お約束[やくそく] 약속

- 위 제시된 단어는 존경과 겸양 표현이 왼쪽의 접속 규칙과는 조금 다르니 주의하자.

존경	겸양
✗ お食事になる	✗ お食事する
○ お食事なさる 식사하시다	○ 食事をいただく 식사를 하다
✗ お電話になる	○ お電話する 전화하다 (전화드리다)
○ お電話なさる 전화하시다	
✗ お返事になる	○ お返事する 답장하다 (답장드리다)
○ お返事なさる 답장하시다	
✗ お約束になる	○ お約束する 약속하다 (약속드리다)
○ お約束なさる 약속하시다	

かける

~하다가 말다, 도중까지 ~하다

어떤 일을 하려다가 멈추었을 때, 아직 도중임을 말할 때 쓰는 표현이다.

동사 ます形 **+ かける**

- 彼は何か言いかけたが、また黙ってしまった。
  그는 뭔가 말을 하려다가 다시 입을 다물어 버렸다.

- 食べかけて残したケーキを冷蔵庫に入れた。
  먹다 남긴 케이크를 냉장고에 넣었다.

- 電車に乗りかけたがドアが閉まったので乗れなかった。
  전철을 타려다가 문이 닫혀서 탈 수 없었다.

- 雨が降ってきて乾きかけた洗濯物が、また濡れてしまった。
  비가 오기 시작해서 말라 가던 빨래가 다시 젖어 버렸다.

- 横断歩道を渡りかけた時、信号が変わってしまった。
  횡단보도를 건너려고 했을 때 신호가 바뀌어 버렸다.

- 急に天気が変わったので山に登りかけたが中止した。
  갑자기 날씨가 나빠져서 산에 오르다가 중지했다.

함께 알아 두기

보통 「～かける」로 끝나지 않고 「～かけて ~하다가」, 「～かけの ~하다 만」, 「～かけたまま ~한 채」 등 다음 절에 연결되는 형태로 쓴다.

- 疲れたので本を読みかけてそのまま寝てしまいました。
  피곤했기 때문에 책을 읽다가 그대로 자고 말았습니다.

- 時間がないので食べかけのパンをカバンに入れて学校に持って行った。
  시간이 없어서 먹다 만 빵을 가방에 넣고 학교에 가져갔다.

- テーブルに作りかけの料理がおいてある。
  식탁 위에 만들다 만 요리가 놓여 있다.

- 宿題をやりかけたまま外に出て、まだ帰ってきません。
  숙제를 하다 만 채 밖에 나가서 아직 돌아오지 않았습니다.

～かける vs ～ようとする vs ～はじめる

비슷한 의미로 사용할 수 있는 표현들을 알아보자.

- ～かける: 어떤 동작을 이미 시작했는데 중간에 그만둔 상태

  - 手紙を書きかけたがやめた。 편지를 쓰다가 그만두었다.
    (편지를 쓰다가 도중에 그만둠)

- ～ようとする: 아직 시작하지 않았지만 시작하기 직전

  - 手紙を書こうとしたがやめた。 편지를 쓰려다가 그만두었다.
    (아직 편지를 쓰지 않음)

- ～はじめる: 막 하기 시작한 시점

  - 手紙を書き始めたがやめた。 편지를 쓰기 시작했는데 그만두었다.
    (곧바로 그만둠)

がちだ

자주 ~하다, ~하기 십상이다

어떤 상태가 되기 쉽거나 어떤 일이 반복되는 경우에 쓰는 표현으로, 주로 안 좋은 일에 대해 사용한다. 명사에 접속하는 경우는 별로 많지 않으므로 하나의 단어로서 외워 두는 것이 좋다.「〜がち」는 な형용사처럼 「〜がちだ, 〜がちに, 〜がちな」 등의 형태로 활용된다.

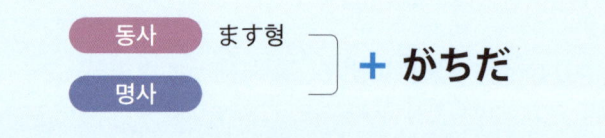

- この子は体が弱いので学校も休みがちだ。
  이 아이는 몸이 약해서 학교도 자주 쉰다.

- 野菜が不足しがちなのでジュースにして飲んでいる。
  야채가 부족해지기 쉽기 때문에 주스로 만들어서 마시고 있다.

- 80才を過ぎた祖母は病気がちで寝ていることが多いです。
  80세를 넘은 할머니는 자주 아프셔서 몸져누워 있는 경우가 많습니다.

- 学生は遠慮がちに自己紹介をした。
  학생은 조심스럽게 자기소개를 했다.

- 彼女は伏し目がちに話し始めました。
  그녀는 눈을 내리뜨고(고개를 숙인 채) 이야기하기 시작했습니다.

함께 알아 두기

～がち VS ～気味(ぎみ)

「～がち」가 '그 동작이 자주 반복되는 것'을 나타낸다면, 「～気味(ぎみ) ~기미, 기운, 기색」는 '상태가 ~와 비슷함', '왠지 ~한 느낌'이라는 의미이다.

- 今週(こんしゅう)は曇(くも)りがちの天気(てんき)が続(つづ)いている。
  이번 주는 흐린 날씨가 이어지고 있다.

- 若(わか)い時(とき)は夜遅(よるおそ)くまで起(お)きて寝不足(ねぶそく)が続(つづ)きがちです。
  젊었을 때는 밤늦게까지 안 자서 수면 부족이 이어지기 십상입니다.

- この車(くるま)は買(か)ってからあまり経(た)っていないのに故障(こしょう)しがちで困(こま)る。
  이 차는 산 지 얼마 되지 않았는데 자꾸 고장 나서 곤란하다.

- 今日(きょう)はちょっと風邪気味(かぜぎみ)です。
  오늘은 좀 감기 기운이 돕니다.

- A 顔色(かおいろ)がよくないですね。
  안색이 좋지 않군요.
  B ええ、ちょっと疲(つか)れ気味(ぎみ)です。
  네. 좀 피곤한 것 같아요.

- 明日(あした)は面接試験(めんせつしけん)があるので今(いま)から緊張気味(きんちょうぎみ)です。
  내일은 면접시험이 있어서 지금(벌써)부터 긴장하고 있습니다.

かとおもうほど

~라고 생각될 정도로(만큼)

실제로는 아니지만, 마치 어떤 (극단적인) 상태로까지 느껴질 만큼, 정도가 큰 것을 비유할 때 쓰는 표현이다.

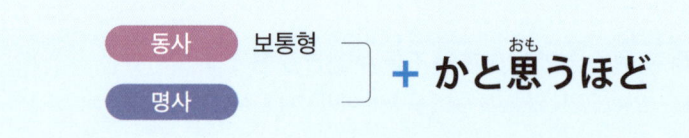

- ドアが壊れるかと思うほど大きな音を立てて閉めた。
 문이 부서지는가 싶을 정도로 큰 소리를 내며 닫았다.

- 彼の絵は、画家が描いたかと思うほど上手だった。
 그의 그림은 화가가 그렸다고 생각할 정도로 잘 그렸다.

- まだ午後3時なのに夜になったかと思うほど暗くなった。
 아직 오후 세 시인데 밤이 됐나 싶을 정도로 깜깜해졌다.

- 二人は兄弟かと思うほどよく似ています。
 두 사람은 형제인가 싶을 만큼 쏙 빼닮았습니다.

- 映画の話はまるで現実かと思うほどよくできていた。
 영화의 이야기는 마치 현실인가 싶을 정도로 잘 만들어져 있었다.

- 友だちの部屋はホテルかと思うほど広くてびっくりした。
 친구의 방은 호텔인가 싶을 정도로 넓어서 깜짝 놀랐다.

함께 알아 두기

「ほど ~정도, 만큼」는 문장에서 많이 사용되므로 회화에서는 「~かと思うくらい」의 형태로 많이 사용된다.

- 今朝は冬が来たかと思うくらい寒かったです。
  오늘 아침은 겨울이 왔나 싶을 정도로 추웠어요.

- この店のラーメンは2人前かと思うくらい多くて全部食べられなかった。
  이 가게 라멘은 2인분인가 싶을 정도로 많아서 다 먹을 수가 없었어.

- 生きているのかと思うくらいよくできた人形を見た。
  살아 있는 건가 싶을 정도로 잘 만들어진 인형을 봤어.

- その人が入れたコーヒーはプロかと思うくらいおいしかった。
  그 사람이 탄 커피는 프로인가 싶을 정도로 맛있었어.

- A 今朝、大地震でも起きたかと思うくらい家が揺れました。
  오늘 아침, 대지진이라도 일어났나 싶을 정도로 집이 흔들렸어요.
  B 近くでトラックの事故が起きて… 私もそれで目が覚めました。
  근처에서 트럭 사고가 나서… 저도 그것 때문에 잠이 깼어요.

- A 昨日デートしたんですか。
  어제 데이트했나요?
  B ええ、夢かと思うくらい楽しい一日でした！
  네, 꿈인가 싶을 정도로 즐거운 하루였어요!

かもしれない

~할지도(~일지도) 모른다

어떤 일이 일어날 가능성이 있을 때 쓰는 표현이다. 회화에서는 「しれない」 부분을 생략하는 경우도 많다.

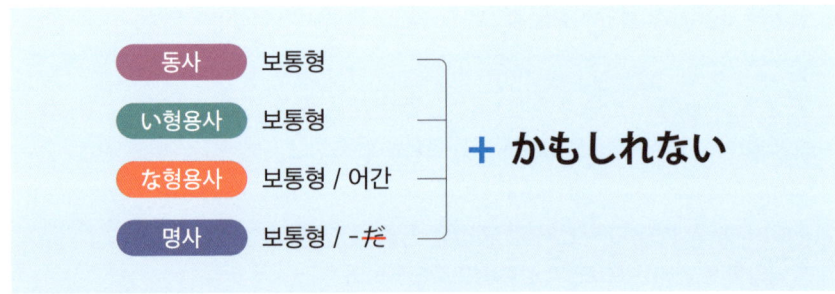

- 会議はもう終わったかもしれません。
  회의는 이미 끝났을지도 모릅니다.

- 朝は寒いかもしれません。
  아침에는 추울지도 모릅니다.(추울 수도 있습니다.)

- その仕事よりこの仕事のほうが楽かもしれない。
  그 일보다 이 일이 더 편할지도 모른다.

- もうすぐ夏休みだから試験は来週かもしれない。
  곧바로 여름 방학이라 시험은 다음 주일지도 모른다.

- 彼が私の理想かも……。
  그가 내 이상형일지도…….

함께 알아 두기

～かもしれません vs ～でしょう

둘 다 추측을 나타내는 말이지만「～かもしれません ~할지도 모릅니다」이「～でしょう ~것입니다」보다 가능성이 낮은 표현이다. 일기 예보에서는 보통「～でしょう」를 많이 사용하며, '어쩌면 그럴 가능성도 있다'라고 말할 경우에「～かもしれない」를 사용한다.

- 熱があるから風邪を引いたかもしれません。
  열이 있으니 감기에 걸렸을지도 모릅니다.

- 子どもはまだ寝ているかもしれない。
  아이는 아직 자고 있을지도 모른다.

- 値段が安いので、あまりおいしくないかもしれません。
  가격이 싸서 별로 맛없을지도 모릅니다.

- 明日は雨が降るでしょう。所によっては雪になるかもしれません。
  내일은 비가 내리겠습니다. 곳에 따라서는 눈이 될지도 모릅니다.

- 荷物は午後着くでしょう。
  짐은 오후에 도착할 거예요.

- デパートは高いでしょう。
  백화점은 비쌀 거예요.

- 出口は1階でしょう。
  출구는 1층이겠지요.

から

~로(부터)

명사에 직접 접속할 경우, 원인·근거·유래를 나타낸다. 또 다른 품사와 연결할 때는 「〜ことから」, 「〜ところから」의 형태로 쓸 수 있다. (020「ことから」참고)

명사 + から

원인

- 運転者の不注意から大きな事故が起きた。
  운전자의 부주의로 큰 사고가 났다.

- 小さな事件から国と国の戦争が起きた。
  작은 사건으로부터 나라와 나라의 전쟁이 일어났다.

근거

- 今までの成績から受験する大学を決めました。
  지금까지의 성적으로 응시할 대학교를 정했습니다.

- インターネットのコメントから店を選ぶ人が多い。
  인터넷의 코멘트로부터(댓글에서) 가게를 고르는 사람이 많다.

유래

- 日本人の姓は住む地域の特徴からつけたものが多い。
  일본인의 성씨는 사는 지역의 특징에서 따온 것이 많다.

- 日本の祭りは病気をなくすための祈りから始まった。
  일본의 축제는 병을 없애기 위한 기도로부터 시작됐다.

함께 알아 두기

명사 + から vs 명사 + だから

'~이니까, ~이기 때문에'와 같이 이유를 나타낼 때는 「명사 + だから」의 형태로 연결하므로 문맥에 따라 잘 구별하자.

- 日本では、血液型から性格が分かると思う人が多い。
  일본에서는 혈액형으로 성격을 알 수 있다고 생각하는 사람이 많다.

- 同僚に、「A型だからまじめで几帳面ですね」と言われた。
  동료에게 'A형이라서 성실하고 꼼꼼하네요'라는 말을 들었다.

- 見た目からその人を判断する。
  외모로 그 사람을 판단한다.

- 清潔な服装だから信じられる。
  청결한 복장이라서 믿을 수 있다.

- 目撃者の話から犯人をさがす。
  목격자의 이야기로부터 범인을 찾아낸다.

- その人の話だから信用できない。
  그 사람의 이야기라서 신용할 수 없다.

から ～にかけて

~부터 ~에 걸쳐

시간이나 장소 등, 시작과 끝의 범위를 대략적으로 나타내는 표현이다.

명사 + から **명사 + にかけて**

- 夏から秋にかけて台風がよく来ます。
  여름부터 가을에 걸쳐 태풍이 자주 옵니다.

- 日中から夜にかけて猛暑が続くでしょう。
  낮부터 밤에 걸쳐 폭염이 계속되겠습니다.

- 15日から18日にかけて道路の混雑が予想される。
  15일부터 18일에 걸쳐 도로 혼잡이 예상된다.

- 青森から福島にかけて大雪が降る見込みです。
  아오모리부터 후쿠시마에 걸쳐 폭설이 내릴 전망입니다.

- 中学から高校にかけての時期は子どもの心に大きな変化が起きる。
  중학교부터 고등학교에 걸친 시기는 아이들의 마음에 큰 변화가 일어난다.

- 中国からインド、エジプトにかけて高度な文明が発達した。
  중국부터 인도, 이집트에 걸쳐 고도의 문명이 발달했다.

함께 알아 두기

~から ~にかけて vs ~から ~まで

「~から ~にかけて」는 시작과 끝이 명확하게 구별되지 않고 '대략 이 범위 안에서' 어떤 일이나 행동이 연속적으로 지속되고 있음을 나타낼 때 사용되며, 일기 예보 등에서 많이 사용된다. 한편 「~から ~まで」는 시작점과 종점이 분명한 경우에 쓰며, 시간이나 장소를 한정하는 역할을 한다.

- 朝から夜にかけて雨が降り続くでしょう。
  아침부터 저녁에 걸쳐 비가 계속 내리겠습니다.

- このダンスは1980年代から90年代にかけて流行しました。
  이 춤은 1980년대부터 90년대에 걸쳐서 유행했습니다.

- 家から駅にかけて食堂がたくさん並んでいます。
  집에서 역에 걸쳐 식당이 많이 늘어서 있습니다.

- 銀行は午前9時から午後3時まで営業しています。
  은행은 오전 9시부터 오후 3시까지 영업하고 있습니다.

- 映画は始めから終わりまでアクションが続いた。
  영화는 처음부터 끝까지 액션이 이어졌다.

- 家から駅までバスで行きます。
  집에서 역까지 버스로 갑니다.

からには

~한 이상(은), 어차피 ~한다면

'이러한 상황인 이상은'이라는 의미로, 뒤에는 '끝까지 관철한다, 완수한다'는 내용이 이어지는 경우가 많다.

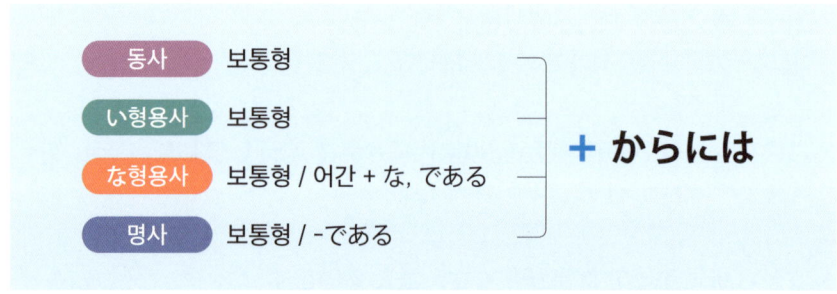

- 来ると言ったからにはきっと来ると思います。
  온다고 말한 이상은 꼭 올 거라고 생각합니다.

- 仕事を任せたからにはその人を最後まで信じたほうがいい。
  일을 맡긴 이상 그 사람을 끝까지 믿는 편이 좋다.

- 値段が高いからには品質も最高だと思います。
  가격이 비싼 이상 품질도 최고라고 생각합니다.

- その情報が確実であるからにはこの作戦は成功するだろう。
  그 정보가 확실한 이상 이 작전은 성공할 것이다.

- 学生であるからには何より勉強を優先させるのは当然です。
  학생인 이상 무엇보다 공부를 우선하게(우선시) 하는 것은 당연합니다.

함께 알아 두기

「からには」뒤에는 의지, 의뢰, 명령, 당위 등의 내용이 오는 경우가 많다.

- ここまで来たからには最後までやろう。
  여기까지 온 이상 끝까지 하자.

- 作るからには誰でも感動する料理を作ろう。
  어차피 만든다면 누구나 감동할 요리를 만들자.

- 約束したからには必ず守ってほしい。
  약속한 이상 꼭 지켜 주었으면 한다.

- 二人が親しいからには困ったとき力を合わせて頑張ってください。
  두 사람이 친하다면(친한 사이라면) 어려울 때 힘을 합해 노력해 주세요.

- 材料が新鮮であるからにはそれを生かすのは当然です。
  재료가 신선한 이상 그것을 살리는 것은 당연합니다.

- 代表であるからには最終的に責任を持たなければならない。
  대표인 이상 최종적으로 책임을 져야 한다.

- 全国大会であるからには強いチームが集まるでしょう。
  전국 대회라면 강한 팀이 모일 것입니다.

かわりに

~대신에

어떤 수단, 행동, 상태를 다른 것으로 대체할 때 쓰는 표현이다.

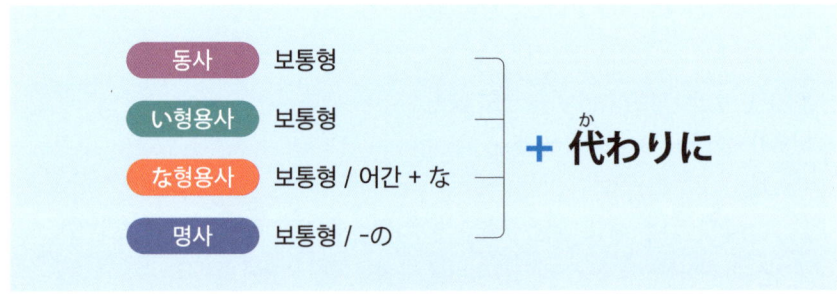

- 今日はバスに乗る代わりに自転車で来ました。
  오늘은 버스를 타는 대신에 자전거로 왔습니다.

- テレビを見ない代わりにインターネットで情報を得る。
  TV를 보지 않는 대신에 인터넷으로 정보를 얻는다.

- ここの料理は高い代わりにとてもおいしいです。
  여기 요리는 비싼 대신에 매우 맛있습니다.

- 今回泊まったホテルは、食事は不満だった代わりに部屋はきれいだった。
  이번에 묵은 호텔은 식사는 불만스러웠던 대신에 방은 깨끗했다.

- 私は英語が得意な代わりに数学は苦手です。
  나는 영어가 자신 있는 대신에 수학은 잘 못합니다.

- 朝はご飯の代わりにパンを食べています。
  아침에는 밥 대신에 빵을 먹고 있습니다.

함께 알아 두기

수수 표현 등에도 접속할 수 있다.

- 田中さんに仕事を手伝ってもらう代わりに夕食をごちそうしました。
  다나카 씨에게 일을 도움받는 대신에 저녁 식사를 대접했습니다.

- 田中さんは仕事を手伝ってあげる代わりに夕食をごちそうになりました。 다나카 씨는 일을 도와주는 대신에 저녁 식사를 대접받았습니다.

- 子どもが花に水をやる代わりに父は犬を散歩に連れていくことにした。
  아이가 꽃에 물을 주는 대신 아버지는 강아지를 산책하러 데리고 가기로 했다.(산책시키기로 했다.)

- 子どもに新しい靴を買ってあげる代わりにゲームは1日2時間だけと約束した。 아이에게 새 신발을 사 주는 대신 게임은 하루에 두 시간만으로 약속했다.

- 山田さんに日本語を教えてもらう代わりに英語を教えてあげると提案した。 야마다 씨에게 일본어를 배우는 대신 (내가) 영어를 가르쳐 주겠다고 제안했다.

きる

완전히(끝까지) ~하다

어떤 행동을 '모두 하다', '끝까지 하다'라는 의미로, 강한 의지로 무엇인가를 해낸다는 뉘앙스가 있는 표현이다. 그 밖에 '몹시 ~하다'라는 강조의 의미로 사용할 경우도 있다.

동사 ます형 ＋ きる

- 今回はフルマラソンを走りきることが目標だ。
  이번에는 풀코스 마라톤을 완주하는 것이 목표이다.

- 水泳の大会で初めて400ｍを泳ぎきった。
  수영 대회에서 처음으로 400m를 완영했다.(끝까지 헤엄쳤다.)

- 彼は、「自分に任せれば必ず成功させる」と言いきった。
  그는 '나에게 맡겨 주면 반드시 성공시키겠다'고 단언했다.

- 山田さんはこのごろ仕事で疲れきっているように見えます。
  야마다 씨는 요즘 일로 몹시 지쳐 있는 것처럼 보입니다.

- 結果よりも自分が最後までやりきったことに満足しています。
  결과보다도 제가 끝까지 해냈다는 것에 만족하고 있습니다.

- 次々と問題が起きて困り切っている彼が気の毒だ。
  연달아 문제가 생겨서 몹시 애를 먹고 있는 그가 안쓰럽다.

함께 알아 두기

～きる VS ～こむ

어떤 동작을 강조하는 역할을 하는 표현으로 「～こむ」가 있다. 「～きる」는 '완전히 다 하다'라는 뉘앙스가 있고 「～こむ」는 '몰두하다', '들어가다' 등의 다양한 뉘앙스가 있다.

- 考(かんが)えきる ✗

  考(かんが)えこむ 생각에 잠기다

- 入(はい)りきる (남김없이) 다 들어가다

  入(はい)りこむ 깊이 들어가다

- 信(しん)じきる 완전히 믿다 (100% 믿고 있다는 사실만을 말함)

  信(しん)じこむ 완전히 믿다 (근거도 없이 맹목적으로 믿는 느낌)

- 話(はな)しきる 다 말하다 (하고 싶은 말을 모두 다 해 버렸다는 느낌)

  話(はな)しこむ 이야기에 몰두하다 (오랫동안 이야기했다는 느낌)

- 使(つか)いきる 다 쓰다 (다 써 버려서 지금은 아무것도 남지 않았다는 느낌)

  使(つか)いこむ 손 익게 쓰다, 오래 쓰다

くらい / ぐらい

~정도, ~쯤, ~만큼

어떤 상태가 어느 정도인지를 나타내는 표현이다. 예전에는 명사에는 「くらい」, 동사와 형용사에는 「ぐらい」를 쓴다는 규칙이 있었으나 현재는 접속하는 품사와 관계없이 둘 다 쓸 수 있다.

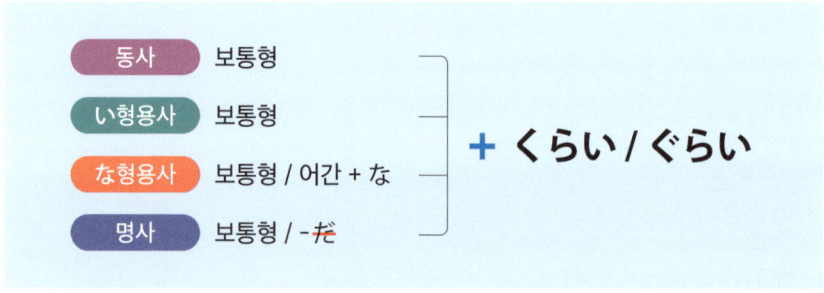

- 1週間勉強したくらいでは試験に合格するのは難しい。
  일주일 공부한 정도로는 시험에 합격하기 어렵다.

- 授業中は先生にしつこいくらい質問してください。
  수업 중에는 선생님에게 집요할 만큼 질문하세요.

- 昔は教室の椅子が足りないぐらい学生が多かった。
  옛날에는 교실의 의자가 모자랄 정도로 학생이 많았다.

- あの事故でけがをしなかったのは不思議なくらいです。
  그(저) 사고에서 다치지 않았다는 것은 신기할 정도입니다.

- あと1時間くらいで到着します。
  앞으로 한 시간 정도에 도착합니다.

함께 알아 두기

~くらい vs ~ほど

일반적으로「ほど ~정도, 만큼」보다「くらい / ぐらい ~정도, 만큼」를 회화에서 많이 쓴다는 것 외에도 다른 점이 있다.

- 최소한의 기준을 들고 '~정도는 가능하다, 대수롭지 않다'라고 할 때는「くらい / ぐらい」를 쓰고「ほど」는 쓰지 않는다.

  ・車は運転できないが自転車くらいは乗れる。
  자동차는 운전하지 못하지만 자전거 정도는 탈 수 있다.

  ・正社員は無理だがアルバイトぐらいはできる。
  정사원은 무리이지만 아르바이트 정도는 할 수 있다.

  ・テニスはできませんがバドミントンぐらいはできます。
  테니스는 할 줄 모르지만 배드민턴 정도는 할 줄 압니다.

- 부정형에서는「ほど」를 쓰고「くらい / ぐらい」는 쓰지 않는다.

  ・驚くほどのことじゃありません。
  놀랄 만한 일은 아닙니다.

  ・頭が痛いが病院に行くほどひどくはない。
  머리가 아픈데 병원에 갈 정도로 심하지는 않다.

  ・ちょっとケガをしましたが心配するほどじゃありません。
  조금 다치기는 했지만 걱정할 정도는 아닙니다.

けれど(も)

~지만, ~인데, ~한데, ~합니다만

두 개의 문장을 연결하는 말이다. 앞뒤 서로 상반되는 내용이 오는 '역접', 뒤에 설명하기에 앞서 미리 내용을 제시하는 '전제', 뒷말을 생략해서 부드러운 어조로 변명하거나 사정 등을 설명하는 '여운'의 의미가 있다.

- 電車が遅れたけれど、学校に遅刻しなかった。
  전철이 늦었지만(늦게 왔지만) 학교에 지각하지 않았다. [역접]

- 歯を抜くのは痛かったけれど、がまんしました。
  이를 뽑는 것은 아팠지만 참았습니다. [역접]

- ここも昔はにぎやかだったけど、今は変わってしまった。
  여기도 옛날에는 번화했지만 지금은 변해 버렸다. [역접]

- 彼は成績はあまり良くないね。いつもまじめだけれど…。
  그는 성적이 별로 좋지 않네. 늘 성실한데…. [여운]

- 今度できた映画館だけれど、3D映画も見られるそうです。
  이번에 생긴 영화관인데 3D 영화도 볼 수 있다고 합니다. [전제]

함께 알아 두기

정중형에도 붙여서 사용할 수 있으며, 축약형인「〜けど」도 많이 사용한다.

- 私は先に行きますけれど、こちらでゆっくりしてください。
  저는 먼저 가겠지만 여기서 느긋하게 쉬다 가세요.

- クリスマスは明日ですけれども皆さん忙しいのでパーティは今日します。크리스마스는 내일이지만 다들 바쁘기 때문에 파티는 오늘 하겠습니다.

- あの子はまだ子どもですけど大人以上に落ち着いています。
  저 아이는 아직 어린이이지만 어른 이상으로 침착합니다.

- 昔は東京から富士山が見えましたけど今はほとんど見ることができません。옛날에는 도쿄에서 후지산이 보였지만 지금은 거의 볼 수 없습니다.

- 今日は朝早く学校に来ましたけれど教室に誰もいなくて気分がよかったです。오늘은 아침 일찍 학교에 왔는데 교실에 아무도 없어서 기분이 좋았습니다.

- よく分かりませんけれどここで待っていれば連絡が来るでしょう。
  잘 모르겠지만 여기서 기다리고 있으면 연락이 오겠죠.

- 月曜日は休館で本を借りられませんけど返すことはできます。
  월요일은 휴관으로 책을 빌릴 수 없지만 반납은 할 수 있습니다.

- 出張で会社にはいませんけどメッセージを残してください。
  출장으로 회사에는 없지만 메시지를 남겨 주세요.

こそ

~(이)야말로 [강조]

중요하다고 생각하는 것을 강조할 때 쓰는 표현이다. '다름이 아니라 바로 이것이다'라는 뉘앙스이다.

명사 (+조사) **＋ こそ**

- A よろしくお願いします。
  잘 부탁드립니다.

  B **こちらこそ**よろしくお願いします。
  저야말로 잘 부탁드리겠습니다.

- **これこそが**私が探していた本です。
  이것이야말로 제가 찾고 있던 책입니다.

- **子どもたちにこそ**未来の希望がある。
  아이들에게야말로 미래에 대한 희망이 있다.

- **今でこそ**笑って話せるが当時は辛かった。
  지금이니까 웃으면서 말할 수 있지만 당시에는 괴로웠다.

- **健康こそが**私の財産です。
  건강이야말로 나의 재산입니다.

- **来年こそ**大学に合格して家族を喜ばせたい。
  내년이야말로 대학에 합격해서 가족을 기쁘게 해 주고 싶다.

함께 알아 두기

명사 외에 「〜から」, 「〜ば」, 「て형」에 붙여서 동사, 형용사 등을 강조하기도 한다.

- 苦しいからこそ喜びも大きくなります。
  힘들기 때문에 기쁨도 커집니다.

- 私が一緒に行くからこそ意味があります。
  제가 같이 가야만 의미가 있습니다.

- 好きだからこそ上手にできるということわざがある。
  좋아하기 때문에 잘할 수 있다는 속담이 있다.

- あなたを心配すればこそ皆集まったんです。
  당신을 걱정하기 때문에 모두 모인 것입니다.

- 父の苦労が分かればこそ感謝するのは当然だ。
  아버지의 고생을 알기 때문에 감사하는 것은 당연하다.

- 人間であればこそ他の人の悲しみを共にできる。
  인간이기 때문에 다른 사람의 슬픔을 함께 할 수 있다.

- 実際に見てこそ理解できることもあります。
  실제로 봐야만 이해할 수 있는 것도 있습니다.

- 会社を定年でやめてこそ新しい人生が始まる。
  회사를 정년으로 그만두고서야말로 새로운 인생이 시작된다.

- 100mを10秒で走ってこそ決勝に進むことができる。
  100미터를 10초에 달려야만 결승으로 나갈 수 있다.

こと

~할 것

지시, 규정 등을 간결하게 전달할 때 쓰는 표현으로, 게시물이나 배포용 프린트물 등에 많이 쓴다. 학교 등 단체 행동할 경우, 구두로 알려 주는 지시에도 쓸 수 있다.

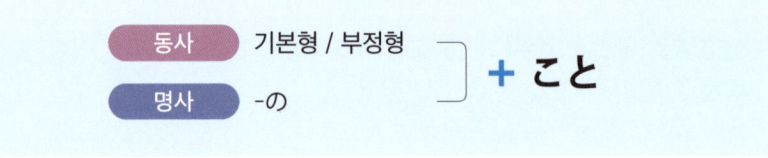

- 明日は8時に駅に集まること。
  내일은 8시에 역에 모일 것.

- 赤信号の時は道路を渡らないこと。
  빨간 신호일 때는 도로를 건너가지 말 것.

- 風邪を引かないようにエアコンをつけたまま寝ないこと。
  감기에 걸리지 않도록 에어컨을 켜 놓은 채로 자지 말 것.

- レポートは月曜日までに提出のこと。
  리포트는 월요일까지 제출할 것.

- 今度の進学説明会には全員出席のこと。
  이번 진학 설명회에는 전원 출석할 것.

- 詳しい内容については学生課に問合せのこと。
  상세한 내용에 대해서는 학생과에 문의할 것.

함께 알아 두기

규칙이나 규정, 준수 사항을 전달하거나 계약서 등과 같은 문서에는 「〜こととする / ことにする ~하기로 하다」라는 표현을 사용하기도 한다.

- レポートは必ずメールで送ること(とする)。
  리포트는 반드시 메일로 보낼 것(보내기로 한다).

- 甲と乙は本契約書を各１部ずつ保管することとする。
  갑과 을은 본 계약서를 각각 1통씩 보관하기로 한다.

- 授業料は毎月5日までに支払うこととする。
  수업료는 매월 5일까지 지불하기로 한다.

- 今月使わなかったポイントは来月使うことにする。
  이번 달에 쓰지 않은 포인트는 다음 달에 쓰기로 한다.

ことから

~해서, ~이기 때문에, ~라는 점에서

판단의 근거, 이유, 유래 등의 의미를 나타내는 표현이다.

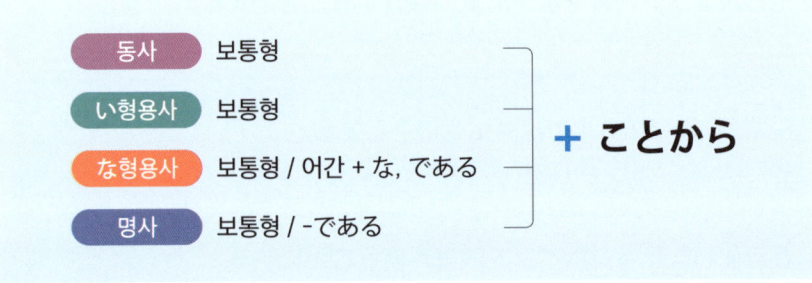

- まだ雪が残っていることから春が遠いことが分かる。
  아직 눈이 남아 있는 것으로 보아 봄이 멀었다는 것을 알 수 있다. [근거]

- この店は他より20％くらい安いことから人気があります。
  이 가게는 다른 데보다 20% 정도 저렴해서 인기가 있습니다. [이유]

- ここは温泉が豊富なことから「湯の町」と呼ばれています。
  여기는 온천이 풍부해서 '온천 마을'로 불리고 있습니다. [유래]

- 社長が外国人であることから会議をするときも皆、英語を使う。
  사장님이 외국인이기 때문에 회의를 할 때도 모두 영어를 쓴다. [이유]

- 両親が医者だったことから私も自然に医者になりました。
  부모님이 의사였기 때문에 저도 자연스럽게 의사가 됐습니다. [이유]

함께 알아 두기

～ところから

유사한 표현으로 「～ところから」가 있다. 근거나 유래에 대해 말할 때 많이 사용된다.

- 韓国と日本は距離が近いところから昔から交流が盛んだった。
  한국과 일본은 거리가 가까워서 옛날부터 교류가 활발했다.

- 今度の大統領は経済に強いところから国民の支持を得たそうだ。
  이번 대통령은 경제에 강하다는 점에서 국민의 지지를 얻었다고 한다.

- 観光地には人が多く集まるところから自然に店が増えます。
  관광지에는 사람이 많이 모여서 자연스럽게 가게가 늘어납니다.

- 今年の夏がとても暑かったところから冬も寒くなると思う人が多い。
  올해 여름이 매우 더웠기 때문에 겨울도 추워질 거라고 생각하는 사람이 많다.

- 31字で作る日本の詩は短いところから「短歌」とも呼ばれます。
  31자로 만드는 일본의 시는 길이가 짧다는 점에서 '단가'라고도 불립니다.

- 田中さんは旅行に行くたびに雨が降るところから「雨男」と言われる。
  다나카 씨는 여행을 갈 때마다 비가 온다고 해서 '비를 몰고 다니는 남자'로 불린다.

확인 문제　JLPT 문법_ 문법형식 판단 유형

다음 문장의 (　)에 넣기에 가장 적당한 것을 1·2·3·4에서 하나 고르세요.

① 早くから準備した(　　)落ち着いて試験問題を解くことができた。

　　1　せいで　　2　もので　　3　おかげで　　4　かぎりで

② このままでは今度大雨が降ったときに川の水があふれる(　　)がある。

　　1　うたがい　　2　なやみ　　3　けはい　　4　おそれ

③ 私が社長になった(　　)会社の発展のために全力をつくします。

　　1　うえでは　　2　うちには　　3　からには　　4　までには

④ 引越しをした時はインターネットに登録した住所の変更をつい忘れ(　　)だ。

　　1　がち　　2　ぎみ　　3　たて　　4　きり

⑤ 「秋の長雨」という言葉があるが、10月になってから梅雨(　　)毎日雨が続いている。

　　1　だと見えて　　　　　2　といっても
　　3　だろうと思って　　　4　かと思うほど

어휘

落ち着く 차분하다　解く 풀다　あふれる 넘치다　発展 발전　全力 전력　つくす 다하다
引っ越し 이사　登録 등록　変更 변경　つい 무심코, 그만

6 今の時間は道路が混むから、バスやタクシーより電車のほうが早く（　　）。

1　着くつもりだ　　　　　2　着くかもしれない
3　着くしかない　　　　　4　着くとはかぎらない

7 今回のバス事故は運転手の疲れ（　　）、居眠りをしたことが原因だそうだ。

1　たり　　2　ても　　3　から　　4　ながら

8 台風の接近で今夜から明日の朝（　　）各地で強い雨が降るでしょう。

1　のなかで　2　のままで　3　になって　4　にかけて

9 私は怪我をして試合に出ることを（　　）友人たちに応援されてもう一度練習を始めた。

1　あきらめはじめたが　　　2　あきらめかけたが
3　あきらめなかったが　　　4　あきらめるようだったが

10 今月から学校で授業を受ける（　　）インターネットの授業を聞くことになった。

1　たびに　　2　くらいに　　3　ごとに　　4　かわりに

道路 도로　混む 붐비다　居眠りをする 졸다　接近 접근　各地 각지, 각 지역
怪我をする 다치다, 부상 입다　応援 응원　あきらめる 포기하다

확인 문제   JLPT 문법_ 문장 만들기 유형

다음 문장의 ___★___ 에 들어가기에 가장 적당한 것을 1·2·3·4에서 하나 고르세요.

① 会社から帰った父は ____ ____ ★ ____ すぐに風呂に入ると言った。

    1 顔を   2 きった   3 して   4 疲れ

② 母に中学生になったら ____ ____ ★ ____ 掃除するものだと怒られた。

    1 自分の   2 もう   3 ぐらい   4 へや

③ 日本語の ____ ____ ★ ____ 発音が難しくてなかなか覚えられない。

    1 漢字は   2 簡単だ   3 文法は   4 けれど

④ サッカーの練習はとても辛いが、今 ____ ____ ★ ____ 続けてこられた。

    1 こそ   2 から   3 まで   4 好きだ

⑤ このマンションは駅に近くて ____ ____ ★ ____ 年齢の人に人気がある。

    1 いろいろな   2 便利な   3 から   4 こと

어휘

掃除する 청소하다　　年齢 연령, 나이

정답·해석 234p

6 このごろ広告は ＿＿ ＿＿ ★ ＿＿ です。
   1 なる　　2 に　　3 いっぽう　　4 派手

7 ケータイを忘れた ＿＿ ＿＿ ★ ＿＿ 気が付いた。
   1 乗り　　2 ことに　　3 かけて　　4 電車に

8 空港でかばんを ＿＿ ＿＿ ★ ＿＿ ので目印をつけた。
   1 が　　2 間違える　　3 ある　　4 おそれ

9 暑い時は冷たい ＿＿ ＿＿ ★ ＿＿ なので気を付けましょう。
   1 もの　　2 食べ　　3 がち　　4 ばかり

10 古い本だから ＿＿ ＿＿ ★ ＿＿ 店員に一度聞いてみます。
   1 かも　　2 ない　　3 しれない　　4 けど

広告 광고　派手だ 화려하다, 요란하다　気が付く 깨닫다, 알아차리다　目印 표시, 표적
目印をつける 표시를 하다　間違える 잘못하다, 착각하다　気を付ける 조심하다, 주의하다

ことになる

~하게 되다, ~하기로 되다

어떤 결정, 합의가 이루어질 경우, 또는 어떤 결과가 될 것임을 나타낼 때 쓰는 표현이다. 자신의 의지와 관계없이 이루어지거나 자신이 의지라고 하더라도 '형편상 그렇게 되었다', '자연스럽게 그렇게 되었다'는 뉘앙스가 있다.

동사 기본형 / 부정형 **+ ことになる**

- 今度大阪に引越すことになりました。
  이번에 오사카로 이사하게 되었습니다.

- 明後日から出張することになりました。
  모레부터 출장 가게 되었습니다.

- 彼女と結婚することになりました。
  그녀와 결혼하게 되었습니다.

- 予想しなかったことが起きて困ったことになりました。
  예상치 못한 일이 생겨서 곤란하게 되었습니다.

- 雨が降るので明日の運動会はしないことになりました。
  비가 오기 때문에 내일 운동회는 하지 않게 되었습니다.

- 時間を変えて場所は変えないことになりました。
  시간을 바꾸고 장소는 바꾸지 않게 되었습니다.

함께 알아 두기

～こととなる

「～ことになる」와 비슷한 뜻으로, 문장체 표현이다.

- 円高の影響で輸出が減少することとなった。
  엔화 강세의 영향으로 수출이 감소하게 되었다.

- 彼は友だちの紹介で地方の大学で教えることとなった。
  그는 친구의 소개로 지방 대학에서 가르치게 되었다.

- 戦争が長く続いて多くの人が家や家族を失うこととなった。
  전쟁이 오랫동안 계속되어 많은 사람들이 집과 가족을 잃게 되었다.

～ことになる VS ～ことにする

- 「～ことになる ~하기로 되다」가 타인의 의지나 형편에 의해 그렇게 되었다는 것을 나타내며, 「～ことにする ~하기로 하다」는 자신의 의지로 결정하고 행동하는 것을 나타낸다.

  - (私は)映画を一人で見ることになった。
    영화를 혼자 보게 됐다. (뭔가 사정이 있어서 어쩔 수 없이 혼자 본다)

  - (私は)映画を一人で見ることにした。
    영화를 혼자 보기로 했다. (자신의 의지로 혼자 본다)

- 제3자가 주어가 될 수도 있다.

  - 彼は今勤めている会社をやめることにした。
    그는 지금 근무하는 회사를 그만두기로 했다.

ごとに

~마다, ~때 마다

'어떤 행위를 하거나 현상이 일어날 때마다' 또는 '저마다, 각각'이라는 의미를 가진 표현이다.

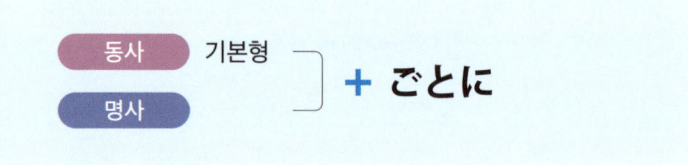

- 教科書が変わるごとに内容が難しくなります。
  교과서가 바뀔 때마다 내용이 어려워집니다.

- 1,000円買うごとにポイントが1点ずつ溜まります。
  1,000엔 살 때마다 포인트가 1점씩 쌓입니다.

- 各グループごとに集まって話し合いました。
  각 그룹마다 모여서 의논했습니다.

- ホテルごとに星が付いていて5つの星が最高の評価になる。
  호텔마다 별이 달려 있는데 별 다섯 개가 최고의 평가가 된다.(평가를 나타낸다.)

> 함께 알아 두기

～ごとに VS ～たびに

유사한 표현으로 「～たびに ~할 때마다」가 있다. 「～たびに」를 명사에 접속할 때는 명사 다음에 「の」를 붙인다. 또한 「～ごとに」는 동작과 무관한 명사와 함께 쓰지만 「～のたびに」는 회의, 식사, 연습 등 어떤 동작을 포함한 명사와 함께 쓴다. 이를 '동작성 명사'라고 하는데, 명사 중에 「する」를 붙여 동사를 만들 수 있는 명사를 의미한다.

● 동사

・教科書が変わるごとに内容が難しくなります。
教科書が変わるたびに内容が難しくなります。
교과서가 바뀔 때마다 내용이 어려워집니다.

● 명사

○ 国ごとに文化や歴史に特徴があります。
나라마다 문화와 역사에 특징이 있습니다.

✕ 国のたびに文化や歴史に特徴があります。

○ 田中さんは会議のたびに遅刻します。
다나카 씨는 회의 때마다 지각합니다.

✕ 田中さんは会議ごとに遅刻します。

함께 알아 두기

～ごとに vs ～おきに

● 시간이나 수량을 나타내는 말과 함께 쓰는 「～ごとに ~마다」와 「～おきに ~걸러, ~간격으로」에도 차이가 있다. 짧은 시간(-초, -분, -시간 등)이라면 둘 다 같은 의미로 쓰지만, 긴 시간(-일, -주, -월, -년 등)은 의미가 다르다.

・バスは10分ごとに来ます。
　버스는 10분마다 옵니다. (10분에 한 번 온다는 의미)

・バスは10分おきに来ます。
　버스는 10분 간격으로 옵니다. (10분에 한 번 온다는 의미)

・美容院は1か月ごとに行きます。
　미용실은 한 달마다 갑니다. (한 달에 한 번 간다는 의미)

・美容院は1か月おきに行きます。
　미용실은 한 달 걸러 갑니다. (두 달에 한 번 간다는 의미)

● 「～おきに」는 '사이를 두다'라는 의미가 있어서 시간이 아닌 수량에서는 쓸 수 없다.

・カードで買い物すると1,000円ごとに1ポイントつきます。
　카드로 쇼핑을 하면 1,000엔마다 1포인트씩 붙습니다. (✗ 1,000円おきに)

さいちゅう(に)

~하는 중에, ~하는 도중에

'어떤 일이나 현상이 한창 진행되고 있는 중에'라는 의미이다.

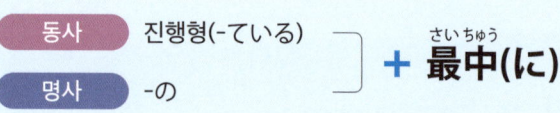

- ご飯を食べている最中に友だちから電話があった。
  밥을 먹고 있는 중에 친구에게서 전화가 왔다.

- エレベーターで上がっている最中に地震が起きました。
  엘리베이터를 타고 올라가던 중에 지진이 일어났습니다.

- アイデアを考えている最中に近くで子どもが泣いて集中できない。
  아이디어를 생각하는 중에 가까이서 아이가 울어서 집중할 수 없다.

- 授業の最中に居眠りしてはいけません。
  수업 중에 졸아서는 안 됩니다.

- テストの最中に突然電気が消えてびっくりした。
  한창 시험을 보고 있는데 갑자기 불이 꺼져서 깜짝 놀랐다.

- 試合の最中に雨が降り出して結局試合は中止になった。
  시합을 하는 중에 비가 내리기 시작해 결국 시합은 중지가 되었다.

함께 알아 두기

〜最中(さいちゅう)に vs 〜中(ちゅう)に

「〜中(ちゅう)に」도 식사, 회의, 수업 등의 동작을 나타내는 명사에 붙어 '그 행동을 하고 있는 중임'을 나타내는 표현이지만 「授業中(じゅぎょうちゅう)に 수업 중에」, 「食事中(しょくじちゅう)に 식사 중에」처럼 명사에만 접속한다. 「今日中(きょうじゅう)に 오늘 안으로」, 「世界中(せかいじゅう)に 전세계에」처럼 발음을 「じゅう」라고 할 때도 있으니 발음과 뜻에 주의해야 한다. 「最中(さいちゅう)に」는 「中(ちゅう)に」를 더 강조하는 말로 '한창 ~하고 있을 때'라고 이해하며 되다.

유사한 의미의 세 가지 예문을 비교해 보자.

- 試合中(しあいちゅう)に 雨(あめ)が降(ふ)ってきました。
  시합을 하는 도중에 비가 내리기 시작했습니다.

- 試合(しあい)の最中(さいちゅう)に 雨(あめ)が降(ふ)ってきました。
  한창 시합을 하고 있을 때 비가 내리기 시작했습니다.

- 試合(しあい)をする日(ひ)、一日中(いちにちじゅう)雨(あめ)が降(ふ)っていました。
  시합을 하는 날 하루 종일 비가 내렸습니다.

さえ 〜ば

~하기만 하면, ~만 있으면

'그것만 실현되면 충분하다', '어떤 조건만 충족되면 다른 것은 문제없다'는 것을 나타낼 때 쓰는 표현이다.

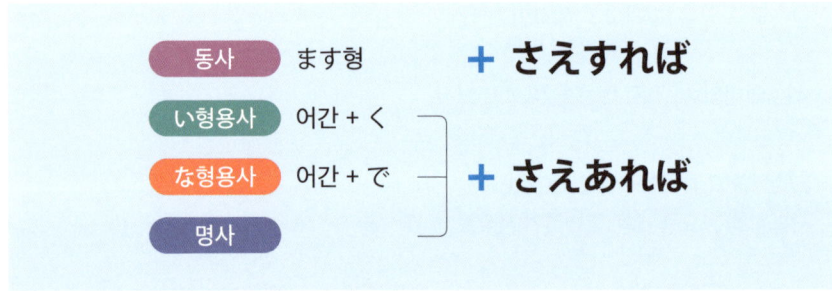

- 9時に駅に着きさえすれば特急に乗れます。
  9시에 역에 도착하기만 하면 특급을 탈 수 있습니다.

- アパートは狭くても駅に近くさえあればいい。
  아파트는 좁아도 역에 가깝기만 하면 된다.

- 体が丈夫でさえあれば、できないことはありません。
  몸이 튼튼하기만 하다면 못할 것이 없습니다.

- 時間さえあれば全部できたと思います。
  시간만 있으면 전부 할 수 있었으리라 생각합니다.

함께 알아 두기

● 「さえ ~조차」를 명사와 결합할 때 「で, と, に」 등의 조사를 붙이는 경우도 있다.

・この問題は小学生でさえ分かる。
이 문제는 초등학생조차 알 수 있다. (「小学生でも 초등학생이라도」의 강조 표현)

・ショパンはピアノの詩人とさえ言われている。
쇼팽은 피아노의 시인이라고도 불린다. (「詩人と 시인이라고」의 강조 표현)

・大人になっても自転車にさえ乗れない人もいる。
어른이 되어도 자전거조차 못 타는 사람도 있다. (「自転車に 자전거를」의 강조 표현)

~さえ vs ~すら

「さえ ~만, 조차, 마저」와 비슷한 의미로 「すら ~조차(도), 까지도」가 있는데, 문장에서 많이 쓰는 표현이다. 또, 뒤에 부정문이 오는 경우가 많다.

・日本語はまったく知らないのでひらがなさえ読めない。(=ひらがなすら)
일본어를 전혀 몰라서 히라가나조차 읽을 수 없다.

・山田さんはとても健康なので風邪すら引きません。
야마다 씨는 너무 건강해서 감기조차 걸리지 않습니다.

・彼女はやさしい人だから虫すら殺せない。
그녀는 착한 사람이라 벌레조차 죽이지 못한다.

・父は気が短くて約束の時間を5分すら待てません。
아빠는 성질이 급해서 약속 시간을 5분조차 기다리지 못합니다.

させる

~하게 하다 [사역형]

어떤 행동을 (강제로) 시키거나 지시할 때에 쓰는 표현이다. '상대방이 원하지 않는 것을 하게 한다'는 뉘앙스로 쓰일 때도 있다.

동사 1그룹	어미 → あ단	**+ せる**
동사 2그룹	어미 る 삭제	**+ させる**
동사 3그룹	する / くる	**→ させる / こさせる**
명사	동작성 명사 (する를 붙일 수 있는 명사)	**+ させる**

동사 1그룹
- 係の人が長い間待たせたことを謝った。
  담당자가 오랫동안 기다리게 한 것을 사과했다.

동사 2그룹
- 子どもには自分が行きたい大学の試験を受けさせました。
  아이에게는 자신이 가고 싶은 대학의 시험을 보게 했습니다.

동사 3그룹
- 練習のために選手たちをいつもより早く来させました。
  시합 연습을 위해 선수들을 평소보다 일찍 오게 했습니다.

명사
- 国民の努力がこの国の経済を発展させました。
  국민의 노력이 이 나라의 경제를 발전시켰습니다.

함께 알아 두기

- 「〜させる」를 포함하는 표현 중에 자신의 행동에 대해 허락을 받기 위해 공손하게 부탁하는 「〜させてくれませんか ~하게 해 주지 않겠습니까?」라는 문형이 있다.

・この仕事は私にさせてくれませんか。
이 일은 저에게 하게 해 주지 않겠습니까?

・新しいコンピューターを使わせてくれませんか。
새로운 컴퓨터를 쓰게 해 주지 않겠습니까?

- 「〜させてくれませんか」를 좀 더 정중하게 하려면 「〜させてもらえませんか」 또는 「〜させていただけませんか」를 쓰면 된다.

・今日の夕食は私にごちそうさせてもらえませんか。
오늘 저녁 식사는 제가 대접하게 해 주시지 않겠습니까?

・私にも少し手伝わせてもらえませんか。
저에게도 좀 도와드리게 해 주시지 않겠습니까?(제가 좀 도와드려도 될까요?)

・この犬の世話は私にさせていただけませんか。
이 개를 돌보는 것은 저에게 시켜 주시지 않겠습니까?

・作品をもう少し近くで見させていただけませんか。
작품을 좀 더 가까이서 보게 해 주시지 않겠습니까?

・これからもアルバイトを続けさせていただけませんか。
앞으로도 아르바이트를 계속하게 해 주시지 않겠습니까?

しかない

~할 수밖에 없다, ~밖에 없다

다른 방도나 선택의 여지가 없을 때 쓰는 표현으로, 강한 주장 또는 결의를 말하거나 때로는 자포자기하는 뉘앙스를 나타낼 때도 사용한다.

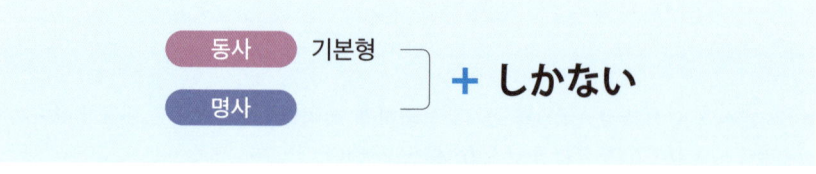

- これよりいいものがないからこれを買うしかありません。
  이것보다 좋은 것이 없으니 이것을 살 수밖에 없습니다.

- バスはいつ来るか分からないからタクシーを捕まえるしかない。
  버스는 언제 올지 모르니까 택시를 잡을 수밖에 없다.

- こちらから質問ができないし先生の話を聞いているしかない。
  이쪽에서 질문을 할 수도 없고 선생님의 이야기를 듣고 있을 수밖에 없다.

- 時間が合うのは明日しかない。
  시간이 맞는 것은 내일밖에 없다.

- 5万円以下なら近くの温泉旅館しかありません。
  5만 엔 이하라면 가까운 온천 여관밖에 없습니다.

- 封筒の中には書類はなく1通の手紙しかない。
  봉투 안에는 서류는 없고 한 통의 편지밖에 없다.

> **함께 알아 두기**

～しかない vs ～でしかない

형태가 비슷하지만 의미가 다른 문형도 함께 살펴보자.

- 「명사 + しかない」는 따로 선택지가 없거나 수량 등이 적다는 의미를 나타낸다.

- サッカーができるのは公園(こうえん)しかない。
  축구를 할 수 있는 곳은 공원밖에 없다.

- 家族(かぞく)が多(おお)いのに家(いえ)には部屋(へや)が2つ(ふた)しかない。
  가족이 많은데 집에는 방이 두 개밖에 없다.

- 安心(あんしん)して休(やす)めるのは自分(じぶん)の家(いえ)しかない。
  안심하고 쉴 수 있는 곳은 자기 집밖에 없다.

- 이에 비해 「명사 + でしかない」는 왜소하거나 가치가 없는 것을 예로 들어 '~에 불과하다, ~에 지나지 않는다'라고 할 때 쓰는 표현이다.

- 今(いま)の私(わたし)には家(いえ)を持(も)つことは夢(ゆめ)でしかない。
  지금의 나에게는 집을 갖는 것은 꿈에 지나지 않는다.

- 今言(いまい)ったことはどこまでも個人的(こじんてき)な意見(いけん)でしかありません。
  지금 말한 것은 어디까지나 개인적인 의견에 불과합니다.

- この部分(ぶぶん)は作家(さっか)の主張(しゅちょう)というより翻訳(ほんやく)した人(ひと)の解釈(かいしゃく)でしかない。
  이 부분은 작가의 주장이라기 보다 번역한 사람의 해석에 불과하다.

しろと / するなと

~하라고 [명령] / ~하지 말라고 [금지]

명령, 충고, 금지 등을 간접적으로 전달할 때 쓰는 표현으로, 조사「と」와 함께 쓴다.

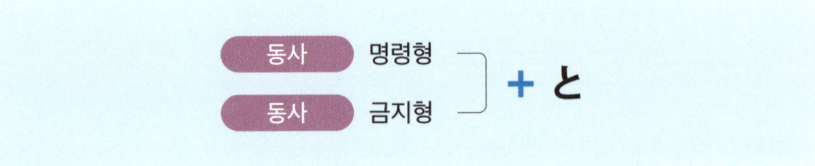

명령

- 先生は1か月に1冊本を読めと言います。
  선생님은 한 달에 한 권씩 책을 읽으라고 말씀하십니다.

금지

- A (掲示板を見て) あれはどういう意味ですか。
  (게시판을 보고) 저것은 무슨 뜻이에요?
  B ろうかは走るなという意味です。
  복도(에서)는 뛰지 말라는 의미입니다.
  (「ろうかは~」에서 조사「は」는 일본어로 자연스러운 표현이다.)

- 명령형 1그룹: 어미 → え단
         2그룹: 어미 る → ろ
         3그룹: する → しろ / くる → こい

  금지형 동사 기본형 + な

- 명령형·금지형 부분을 정중한 표현으로 바꿀 수도 있다.
  先生は1か月に1冊本を読みなさいと言います。
  선생님은 '한 달에 한 권씩 책을 읽으세요'라고 말씀하십니다.
  ろうかは走ってはいけませんという意味です。
  '복도(에서)는 뛰어서는 안 됩니다'라는 의미입니다.

함께 알아 두기

～するようにと

「～しろ / ～するな」는 직설적이고 거친 인상을 줄 수 있기 때문에 좀 더 부드럽게 표현하려면「～するようにと(동사 기본형 + ようにと)」를 쓴다. 회화에서는「と」대신「って」를 많이 쓴다.

- 先生は1か月に1冊本を読むようにと言います。
  선생님은 한 달에 한 권씩 책을 읽으라고 말씀하십니다.

- 先生が来年の目標を書いてくるようにとおっしゃいました。
  선생님이 내년의 목표를 써 오라고 말씀하셨습니다.

- 係の人がここで待つようにと言って出ていってから30分たった。
  담당자가 여기서 기다리라고 말하고 나간 지 30분이 지났다.

- ろうかは走らないようにという意味です。
  복도(에서)는 뛰지 말라는 의미입니다.

- このマークはここではタバコを吸わないようにという表示です。
  이 마크는 여기서는 담배를 피우지 말라는 표시입니다.

- 入口で「動物には食べ物をあげないように」と言われた。
  입구에서 '동물에게는 먹을 것을 주지 말라'는 말을 들었습니다.

- 先生が黒板に「静かに勉強するように」って書きました。
  선생님이 칠판에 '조용히 공부하도록'이라고 썼습니다.

- あそこに「食べ残したものはここに捨てるように」って書いてある。
  저기에 '먹다 남은 것은 여기에 버리도록'이라고 써 있다.

- さっき田中さんが「遅れるときは必ず連絡して」って言ってた。
  아까 다나카 씨가 늦을 때는 꼭 연락해 달라고 했었어.

せい(で)

~탓(에), ~때문(에)

「〜おかげで」가 주로 좋은 결과를 가져온 행동이나 대상에게 감사하는 마음을 담은 표현이고, 「〜せいで」는 나쁜 결과가 된 것을 원망하거나 비난할 때 쓰는 표현이다.

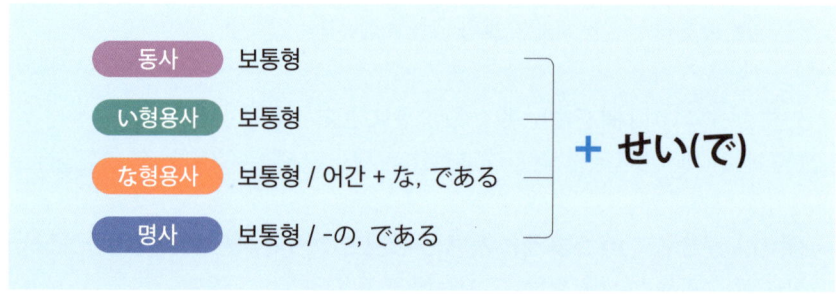

- 電車が遅れたせいで遅刻してしまった。
  전철이 늦는 바람에 지각하고 말았다.

- 荷物が重いせいでふくろが破れた。
  짐이 무거운 탓에 봉투가 찢어졌다.

- 野菜が嫌いなせいで栄養のバランスがよくない。
  야채를 싫어하기 때문에 영양 밸런스가 좋지 않다.

- 台風のせいで電車も飛行機も止まった。
  태풍 때문에 전철도 비행기도 멈췄다.

- 強すぎる冷房のせいで風邪を引いてしまった。
  너무 강한 냉방 때문에 감기에 걸리고 말았다.

함께 알아 두기

「〜せい」가 들어가는 다양한 표현을 익혀 보자.

- あの人は結果が悪いといつも他の人のせいにします。
  그(저) 사람은 결과가 나쁘면 항상 남의 탓으로 합니다.

- おじいさんは体の調子が悪い時は天気のせいにします。
  할아버지는 몸 컨디션이 좋지 않을 때는 날씨 탓으로 합니다.

- 食堂では価格の値上げを材料費の上昇のせいにしています。
  식당에서는 가격 인상을 재료비 상승 탓으로 하고 있습니다.

- 寒くなったせいか風邪を引いている人が多い。
  날씨가 추워졌기 때문인지 감기에 걸린 사람이 많다.

- 若い人が少なくなったせいかどこでも老人の姿が目立つ。
  젊은 사람이 줄어든 탓인지 어디서나 노인의 모습이 눈에 띈다.

- お腹がすいているせいか何を食べてもおいしく感じる。
  배가 고파서인지 무엇을 먹어도 맛있게 느껴진다.

- 異常な天気が続くのは地球温暖化のせいだと思います。
  이상한 날씨가 계속되는 것은 지구 온난화 탓이라고 생각합니다.

- 母の機嫌が悪いのは父が誕生日を忘れていたせいだと思う。
  엄마의 기분이 언짢은 것은 아빠가 (엄마) 생일을 잊고 있었던 탓이라고 생각한다.

- 昨日眠れなかったのは夜飲んだコーヒーのせいだと思います。
  어제 잠을 못 잔 것은 밤에 마신 커피 때문이라고 생각합니다.

だけ

~만큼. ~한

'어떤 한계까지'를 나타내는 표현으로, 다양한 관용 표현이 있다.

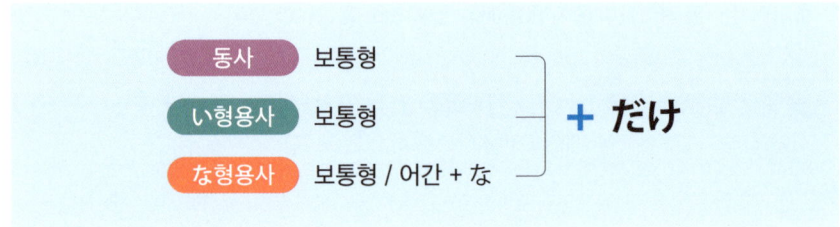

- 暗くなるまで行けるだけ行ってみましょう。
  어두워질 때까지 갈 수 있는 만큼 가 봅시다.

- 日曜日は寝たいだけ寝ます。
  일요일에는 자고 싶은 만큼 잡니다.

- お金のことは心配しないで欲しいだけ買えばいい。
  돈은 걱정하지 말고 원하는 만큼 사면 돼.

- この家は道路に近いだけ車の通る音がうるさい。
  이 집은 도로에 가까운 만큼 차 지나다니는 소리가 시끄럽다.

- 仕事が楽なだけ給料は安い。
  일이 편한 만큼 월급은 싸다.

함께 알아 두기

관용적으로 자주 사용하는 표현을 살펴보자.

- 荷物はできるだけ軽くしました。
 짐은 가능한 한 가볍게 했습니다.

- 知っているだけのことは全部話すつもりです。
 알고 있는 범위 안에서 모두 이야기할 생각입니다.

- 深く愛しただけ悲しみも大きい。
 깊이 사랑한 만큼 슬픔도 크다.

- そこにあるものは好きなだけ持っていってください。
 거기에 있는 것은 원하는 만큼 가져 가세요.

- やれるだけのことはやったから後悔することはない。
 할 수 있는 만큼의 일은 다 했기 때문에 후회할 일은 없다.

- ありったけの力を出してぶつかった。
 있는 힘을 다해서 부딪쳤다.

> 「ありったけ」는「あるだけ」의 강조 표현이다.
>
> あるだけのお金を渡した。
>
> ＝ありったけのお金を渡した。
> 있는 만큼의 돈을 건네주었다. (있는 돈을 다 건네주었다.)

たて(の)

갓(방금, 막) ~한

어떤 일이나 행동이 일어난 지 얼마 지나지 않았을 때 그것을 강조하기 위해 쓰는 표현으로, 사용할 수 있는 동사가 한정적이다. 주로 가공, 생산 활동의 의미를 가진 동사에만 쓴다.

동사 ます형 **+** たて(の)

- このパンは焼きたてだからおいしいです。
  이 빵은 갓 구운 것이라 맛있어요.

- 炊きたてのご飯に生卵をかけて食べればおいしい。
  갓 지은 밥에 날달걀을 부어(넣어) 먹으면 맛있다.

- この店では捕れたての新鮮な魚を売っています。
  이 가게에서는 방금 잡힌 신선한 생선을 팔고 있습니다.

- 公園のベンチに「ペンキ塗りたて」と書いた紙が貼ってあります。
  공원 벤치에 '페인트 방금 칠했음'이라고 쓴 종이가 붙어 있습니다.

- スープができたてで熱いから気をつけてください。
  수프가(국물이) 방금 만들어서 뜨거우니 조심하세요.

- こちらのフライは注文を聞いてから揚げるので、作りたてのおいしさが味わえます。
  이곳의 튀김은 주문을 받고 나서 튀기기 때문에 갓 튀긴 진미를 맛볼 수 있습니다.

함께 알아 두기

● 쓸 수 있는 동사는 다음과 같다.

- できる 완성되다 ➡ できたての〜 갓 만든, 방금 나온
- 作る 만들다 ➡ 作りたての〜 방금 만든
- 炊く 밥을 짓다 ➡ 炊きたての〜 갓 지은
- 捕る 잡다 ➡ 捕りたての〜 막 잡은
- 塗る 바르다, 칠하다 ➡ 塗りたての〜 갓 칠한, 방금 칠한

● 위 동사 외에 다른 동사는 대부분 「〜たばかり(동사た형 + ばかり)」를 사용한다.

- ご飯は今、食べたばかりです。
  밥은 방금 먹었습니다.

- 映画は今、始まったばかりだ。
  영화는 방금 시작했다.

- 入社したばかりで仕事のことは何も分かりません。
  입사한 지 얼마 되지 않아서 업무에 대해서는 아무것도 모릅니다.

- 起きたばかりで何も食べたいと思わなかった。
  일어난 지 얼마 되지 않아서 아무것도 먹고 싶지 않았다.

- このパソコンは2日前に買ったばかりなのに故障してしまった。
  이 컴퓨터는 산 지 이틀밖에 안 됐는데 고장 나 버렸다.

- 生まれたばかりの子犬はかわいいですね。
  갓 태어난 강아지는 귀엽네요.

たとえ～ても

만약(설령) ~라고 해도

어떤 상황을 가정해서 '만약 그렇게 된다고 해도 그것과 상관없이, 그럼에도 불구하고'라는 표현이다.

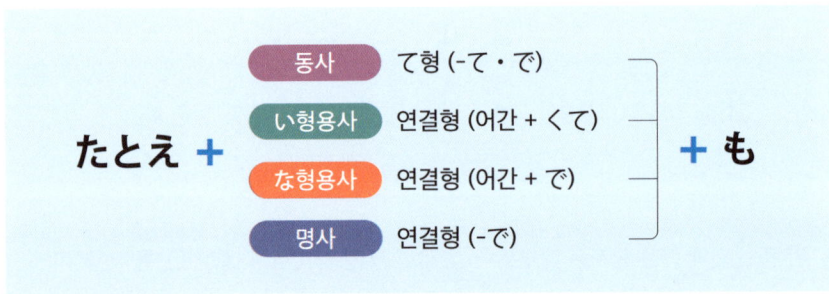

- たとえ授業時間に遅れても休まないで来てください。
  만약 수업 시간에 늦어도 쉬지 말고 오세요.

- たとえあの選手に勝ってももっと強い選手はいくらでもいる。
  설령 저(그) 선수에게 이기더라도 더 강한 선수는 얼마든지 있다.

- たとえ暑くても夜寝る時にふとんをかけないと風邪を引きます。
  아무리 더워도 밤에 잘 때 이불을 덮지 않으면 감기에 걸립니다.

- たとえ学校が同じでも顔も知らない人がいます。
  설령 학교가 같다고 해도 얼굴도 모르는 사람이 있습니다.

- たとえ夏休みでも宿題が多いから遊びに行くこともできない。
  설령 여름 방학이라고 해도 숙제가 많아서 놀러 갈 수도 없다.

> **함께 알아 두기**

たとえ ~ても vs どんなに(いくら) ~ても

「たとえ 설령」와 「どんなに(いくら) 아무리」는 정도를 나타내는 형용사나 상황을 나타내는 동사에 사용할 경우에는 비슷한 의미로 사용할 수 있다.

- たとえ値段が高くても買います。
  설령 가격이 비싸도 삽니다.

- どんなに(いくら)値段が高くても買います。
  아무리 가격이 비싸도 삽니다.

- たとえ急いでも9時までに着くのは無理だ。
  설령 서둘러도 9시까지 도착하는 것은 무리이다.

- どんなに急いでも9時までに着くのは無理だ。
  아무리 서둘러도 9시까지 도착하는 것은 무리이다.

- たとえ疲れていても運動は休みません。
  설령 피곤하더라도 운동은 쉬지 않습니다.

- どんなに疲れていても運動は休みません。
  아무리 피곤하더라도 운동은 쉬지 않습니다.

● 「たとえ」는 일회성 동작에, 「どんなに」는 반복되거나 일정 기간 계속되는 동작에 사용하기 때문에 다음의 경우에는 교체해서 쓸 수 없다.

> - たとえ取り消してもキャンセル料がかかる。
>   (✘ どんなに取り消しても~)
>   만약 취소한다고 해도 취소 수수료가 든다.
> - どんなに働いても生活がよくならない。(✘ たとえ働いても~)
>   아무리 일해도 생활이 나아지지 않는다.

たところ

~했더니, ~했는데

어떤 행동을 한 결과, 뒤에 어떤 일이나 상황이 일어났다는 것을 나타내는 표현이다. 뒤에 오는 내용은 그 전에는 몰랐던 것이나 새로 일어나는 일로, 자신이 능동적으로 행동하는 내용은 오지 않는다.

동사 た형(-た・だ) **+ ところ**

- 友だちに聞いたところ、田中さんは会社をやめるそうだ。
  친구에게 물어봤더니 다나카 씨는 회사를 그만둔다고 한다.

- アルバイトを募集したところ、若い人は一人も来なかった。
  아르바이트를 모집했더니 젊은 사람은 한 명도 오지 않았다.

- メールを送ったところ、「エラー」が出て届かなかった。
  메일을 보냈더니 에러(오류)가 나서 전송되지 않았다.

- 弁当を買おうとしたところ、消費期限が切れていて買えなかった。
  도시락을 사려고 했더니 소비 기한이 지나서 살 수 없었다.

- 電車の時間を調べたところ、10時の特急に乗れることが分かった。
  전철 시간을 알아봤더니 10시 특급을 탈 수 있다는 것을 알았다.

  ✗ 電車の時間を調べたところ10時の特急に乗ることにした。

함께 알아 두기

～たところ VS ～たところに VS ～たところで

「～たところ」 뒤에 「に」나 「で」 등의 조사가 붙으면 의미가 달라진다.

- 見たところ学生のようだった。
  보아하니 학생 같았다.

- 机の周りを探したところすぐ見つかった。
  책상 주변을 찾았더니 금방 발견되었다.

- 薬を飲んだところよくきいて元気になった。
  약을 먹었더니 잘 들어서 건강해졌다.

- 外に出ようとしたところに電話がかかってきた。
  밖에 나가려던 참에 전화가 걸려 왔다.

- 先生の悪口を言っていたところに先生が来た。
  선생님 험담(욕)을 하고 있던 차에 선생님이 왔다.

- せっかく花が咲き始めたところに冬の寒さが戻ってきた。
  모처럼 꽃이 피기 시작했는데 겨울 추위가 돌아왔다.

- いくら一生懸命働いたところで30代で家を持つのは無理だ。
  아무리 열심히 일을 해 봤자 30대에 집을 가지는 것은 무리이다.

- どんなに謝ったところでその人は許してくれないだろう。
  아무리 사과해 봤자 그 사람은 용서해 주지 않을 것이다.

- レシピを見て作ったところで母の味と同じものは作れない。
  레시피를 보고 만들어 봤자 엄마의 맛과 똑같은 것은 만들 수 없다.

たとたん(に)

~하자마자

어떤 행동을 한 순간에 (거의 동시에) 뒤의 일이 시작됐음을 나타내는 표현이다.

동사 た형(-た・だ) **+** とたん(に)

- 会社を出たとたんに雨が降ってきた。
  회사를 나서자마자 비가 내리기 시작했다.

- 窓を開けたとたん、大きな虫が部屋に入ってきた。
  창문을 열자마자 큰 벌레가 방으로 들어왔다.

- 信号が変わったとたんに隣の車がすごいスピードで飛び出した。
  신호가 바뀌자마자 옆 차가 엄청난 속도로 튀어나왔다.

- 飛行機が空港に降りたとたん、大きく揺れてびっくりした。
  비행기가 공항에 내리자마자 크게 흔들려서 깜짝 놀랐다.

- その人に会ったとたん、涙があふれて止まらなかった。
  그 사람을 만나자마자 눈물이 흘러서 멈추지 않았다.

- バスに乗ったとたんに発車したので倒れそうになった。
  버스를 타자마자 출발했기 때문에 쓰러질 뻔했다.

> 함께 알아 두기

~たとたんに vs ~たらすぐに

「~たとたんに ~(하)자마자」는 뒤에 「~たい ~(하)고 싶다」, 「~てください ~(해) 주세요」, 「~よう / ましょう ~(하)자 / ~(합)시다」, 「~つもりだ ~(할) 생각이다」 등의 문장은 올 수 없다. 그러나 유사한 의미의 「~たらすぐに ~(하)면 바로, ~(하)자마자」는 그와 같은 제약이 없다.

○ 帰ったらすぐにジュースが飲みたかった。
돌아오자마자 주스를 마시고 싶었다.

✕ 帰ったとたんにジュースが飲みたかった。

○ 着いたらすぐに電話をしてください。
도착하면 바로 전화를 해 주세요

✕ 着いたとたんに電話をしてください。

○ ベッドに入ったらすぐに寝ましょう。
침대에 들어가면 바로 잡시다.

✕ ベッドに入ったとたんに寝ましょう。

○ 卒業したらすぐに就職するつもりです。
졸업하면 바로 취직할 생각입니다.

✕ 卒業したとたんに就職するつもりです。

たびに

~할 때마다, ~때마다

어떤 행동을 하거나 어떤 일이 일어나면, 그때는 항상 같은 상황이 일어난다고 말할 때 쓴다. 명사의 경우 「する」를 붙이면 동사가 되는 동작성 명사와 함께 쓰인다.

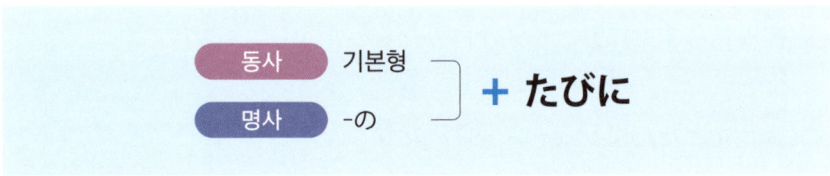

- 友だちは旅行に行くたびに写真を撮って送ってくれます。
  친구는 여행을 갈 때마다 사진을 찍어서 보내 줍니다.

- このあたりは雨が降るたびに事故が起きる。
  이 주변은 비가 내릴 때마다 사고가 난다.

- その子は会うたびに大きな声で挨拶をしてくれる。
  그 아이는 만날 때마다 큰 소리로 인사를 해 준다.

- 引越しのたびに荷物が多くなります。
  이사할 때마다 짐이 많아집니다.

- この保険は入院のたびに一時金が出るので助かる。
  이 보험은 입원할 때마다 일시금이 나오기 때문에 도움이 된다.

- 出張のたびに地方のおいしいものを探すのが楽しい。
  출장 때마다 지방의 맛있는 것을 찾는 것이 즐겁다.

함께 알아 두기

등하교, 출퇴근, 계절의 변화처럼 반복되는 현상에 대해서는 「たびに」를 쓰지 않는다.

✗ 学校に行くたびに勉強します。
    학교에 갈 때마다 공부합니다.

→ 毎日学校に行って勉強します。
    매일 학교에 가서 공부합니다.

✗ 出勤するたびに電車に乗ります。
    출근할 때마다 전철을 탑니다.

→ 毎日電車に乗って出勤します。
    매일 전철을 타고 출근합니다.

✗ 冬になるたびに寒いです。
    겨울이 될 때마다 춥습니다.

→ 冬になると寒いです。
    겨울이 되면 춥습니다.

✗ 朝になるたびに東の空が明るくなる。
    아침이 될 때마다 동쪽 하늘이 밝아진다.

→ 朝になると東の空が明るくなる。
    아침이 되면 동쪽 하늘이 밝아진다.

たら～のに

~(했)었으면 ~(했)을 텐데

실제와는 다른 행동이나 상황을 가정하고, 만약 그 경우였다면 다른 결과가 나왔을 것이라고 말할 때 쓰는 표현이다. 아쉬움이나 후회를 나타낼 경우가 많다.

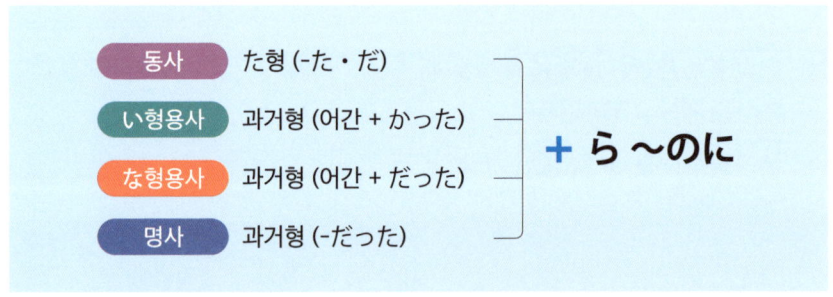

- もっと早く勉強を始めたら、今こんなに苦労しなかったのに。
  좀 더 일찍 공부를 시작했었다면 지금 이렇게 고생하지 않았을 텐데.

- あの靴、もう少し値段が安かったら私も買ったのに。
  저 신발, 조금만 더 가격이 쌌다면 나도 샀을 텐데.

- 数学が得意だったら理系の大学にも行けたのに。
  수학을 잘했다면 이공계 대학에도 갈 수 있었을 텐데.

- 今日が土曜日だったらもっと遅くまで遊べたのに。
  오늘이 토요일이었다면 더 늦게까지 놀 수 있었을 텐데.

함께 알아 두기

형용사의 「-かったら / -だったら」는 과거를 나타내는 표현이 아닐 수도 있다는 점에 주의해야 한다. 과거의 일을 표현하는지 아닌지는 뒤에 오는 문장, 전체적인 문맥으로 판단해야 한다. 다음 예문을 비교해 보자.

- 数学が得意だったら理系の大学にも行けたのに。
  수학을 잘했다면 이공계 대학에도 갈 수 있었을 텐데.
  (수학을 못해서 이공계 대학에 진학하지 못했다는 것에 대한 아쉬움을 표현)

- 数学が得意だったら理系の大学に行けばよかったのに。
  수학을 잘한다면 이공계 대학으로 가면 좋았을 텐데.
  (수학을 잘하는 사람인데 이공계 대학에 진학하지 않은 것에 대한 아쉬움을 표현)

- 旅行が好きだったらみんなと一緒に行きたいと思ったでしょう。
  여행을 좋아했다면 모두와 같이 가고 싶어 했겠지요. (여행을 좋아하지 않음)

- 旅行が好きだったら今度の鉄道旅行に一緒に行けばいいのに。
  여행을 좋아한다면 이번 기차 여행에 같이 가면 좋을 텐데.

- おいしくなかったらあんなにたくさんの料理を一人で食べなかった。
  맛없었다면 그렇게 많은 요리를 혼자서 먹지 않았다. (맛있었음)

- おいしくなかったら無理して食べなくてもいいよ。
  맛없으면 억지로 먹지 않아도 괜찮아.

だらけ
~투성이

'좋지 않은 것들이 많이 보인다', '보기 흉한 것들로 덮여 있다'라고 말할 때 쓰는 표현이다. 「だらけ」와 함께 쓰는 단어는 한정되어 있으므로 그냥 외우는 것이 좋다.

명사 + だらけ

- 長い間家に帰らなかったので家の中が**ほこりだらけ**だ。
  오랫동안 집에 안 들어가서 집안이 먼지투성이이다.

- 富士山に登る道はどこも**ごみだらけ**だと聞きました。
  후지산을 오르는 길은 어디나 쓰레기투성이라고 들었습니다.

- 何をして遊んだのか子どもが**傷だらけ**になって帰ってきた。
  무엇을 하고 놀았는지 아이가 상처투성이가 되어 돌아왔다.

- 事故のあった場所に**血だらけ**の人が倒れていた。
  사고가 있던 자리에 피투성이인 사람이 쓰러져 있었다.

- 今年90歳のおじいさんは顔は**しわだらけ**ですがとても元気です。
  올해 90세인 할아버지는 얼굴은 주름투성이이지만 매우 건강하십니다.

- レポートを見た先生が漢字が**間違いだらけ**だと言った。
  리포트를 본 선생님이 한자가 오류투성이라고 했다.

> **함께 알아 두기**

나쁜 상태가 아니거나, 당연한 것에는 「～だらけ」로 쓰지 않는다.

> ✗ 空が雲だらけで雨が降りそうだ。(구름은 나쁜 것이 아니므로)
> 하늘이 구름투성이로 비가 내릴 것 같다.
>
> → 空が雲におおわれて雨が降りそうだ。
> 하늘이 구름에 뒤덮여서 비가 올 것 같다.
>
> ✗ 高速道路は車だらけだ。(원래 고속 도로는 차만 있으므로)
> 고속 도로는 차투성이이다.
>
> → 高速道路は車がいっぱいだ。
> 고속 도로는 차가 가득하다.

〜まみれ VS 〜ずくめ VS 〜づくし

「〜まみれ」는 주로 액체나 가루일 경우에 쓰며 「〜ずくめ」는 관용 표현이 많다. 이 밖에도 음식, 요리 등에서 같은 재료로 다양한 요리를 제공할 경우에 「〜づくし」라는 말을 쓴다.

- 汗まみれ 땀범벅
- 血まみれ 피범벅
- 油まみれ 기름범벅

- 黒ずくめの服装 검정 일색의 복장
- いいことずくめ 좋은 일만 있음, 좋은 일투성이
- ごちそうずくめ 온통 맛있는 음식, 진수성찬 일색

- カニづくし 모두 게를 사용한 요리, 게 요리 일색
- 野菜づくし 야채만 사용한 요리, 야채 일색

だろう

정말 ~하다 [감탄]

상태가 심한 것에 놀라거나 감동을 받았을 때 나오는 감정 표현으로, 앞에「なんて、なんと 얼마나, 정말」 등의 부사가 오는 경우가 많다.

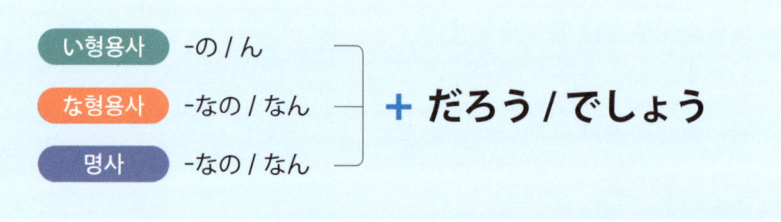

- 今日はなんと暑いんだろう。
  오늘은 정말 덥구나.

- 焼いたばかりのパンはなんてやわらかいんでしょう。
  갓 구운 빵은 어떻게 이렇게 부드러울까요.

- 山の一番上に登った。ここはなんて静かなんだろう。
  산꼭대기에 올랐다. 여기는 정말 조용하다.

- 会員になるための手続きはなんと面倒なんだろう。
  회원이 되기 위한 절차는 어떻게 이렇게 번거로울까.

- 歌を歌う子どもたちはなんて美しい声なんでしょう。
  노래를 부르는 아이들은 목소리가 정말로 아름답군요.

함께 알아 두기

～だろう vs ～ことか

유사 표현으로 「～ことか ~했는지, ~했던가」가 있는데, 주로 과거의 일을 되돌아보고 '얼마나 ~(한)지 모른다'는 감회나 회상을 나타낼 때 사용한다.

- そのころは成績が悪かったので大学を選ぶのにどれほど悩んだだろう。
  그때는 성적이 나빴기 때문에 대학을 선택하는 데 얼마나 고민했을까?

- 家を建てようと思ってどんなに一生懸命働いただろう。
  집을 지으려고 얼마나 열심히 일했을까?

- 子どもが無事に帰ってきたとき親はどんなに喜んだだろう。
  자식이 무사히 돌아왔을 때 부모는 얼마나 기뻤을까?

- 何の連絡もないからどれほど心配したことか。
  아무런 연락도 없어서 얼마나 걱정했던가.

- 母は一人で子どもを育てるのにどれほど苦労したことか。
  어머니는 혼자서 아이를 키우는 데 얼마나 고생하셨던가.

- これまで何度あきらめようと思ったことか。
  でも最後まで頑張ったから合格できた。
  지금까지 몇 번이나 포기하려고 했던가.
  하지만 끝까지 힘을 다했기 때문에 합격할 수 있었다.

ついでに

~(하)는 김에

어떤 일을 하면서 그 기회에 다른 일도 같이 한다고 할 때에 쓰는 표현이다. 명사의 경우 「する」를 붙이면 동사가 되는 동작성 명사와 함께 쓰인다.

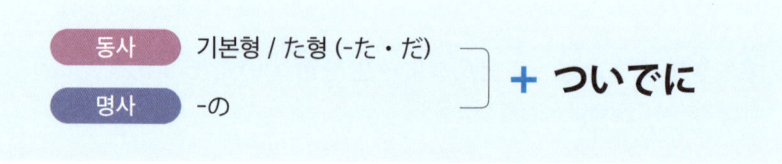

- 銀行でお金をおろすついでに電気料金も払ってきました。
  은행에서 돈을 찾는 김에 전기 요금도 지불하고 왔습니다.

- 選挙のことを調べるついでに外国の選挙についても資料を探そう。
  선거에 대해 조사하는 김에 외국의 선거에 대해서도 자료를 찾아보자.

- 昨日はガソリンを入れたついでに洗車もした。
  어제는 휘발유를 넣는 김에 세차도 했다.

- 定期的な検査のついでに血液の検査もしました。
  정기적인 검사를 받는 김에 혈액 검사도 받았습니다.

- 音声ダウンロードのついでに練習問題の答えもダウンロードした。
  음성 다운로드를 하는 김에 연습 문제의 답안도 다운로드했다.

- 日曜日に部屋の掃除のついでに一週間分の洗濯をした。
  일요일에 방 청소하는 김에 일주일치 빨래를 했다.

함께 알아 두기

～ついでに VS ～がてら

하나의 행동으로 두 가지의 목적을 이루는 점은 같지만, 접속 형태가 다르다. 「～がてら ~하는 김에, ~할 겸」는 「동사 ます형」에 접속하고, 명사는 「の」 없이 바로 접속한다. 그 외에도 「～がてら」는 수수동사인 「あげる, もらう, くれる」와는 함께 쓰지 않고, 뒤에 명령형이 오지 않는 것도 다른 점이다. 「～がてら」는 N1 문형이니 참고만 해 두자.

- 子どもを幼稚園に送りがてら図書館に本を返しに行った。
  아이를 유치원에 보내는 김에 도서관에 책을 반납하러 갔다.

- 午後は買い物がてら友だちに会うことにしました。
  오후에는 쇼핑 겸 친구를 만나기로 했습니다.

● 수수동사가 올 경우

　○ パソコンを修理してもらうついでにメモリ容量も上げてもらった。
　　 컴퓨터를 수리받는 김에 메모리 용량도 올렸다.
　✕ パソコンを修理してもらいがてらメモリ容量も上げてもらった。

● 명령형이 올 경우

　○ コンビニに行くついでにパンを買ってきてください。
　　 편의점에 가는 김에 빵을 사다 주세요.
　✕ コンビニに行きがてらパンを買ってきてください。

っけ
~었(았)나?, ~던가?

불확실한 일에 대해 묻거나 확인할 때 쓰는 표현으로, 회화에서 사용한다. 정중하게 말할 때는「〜ましたっけ」,「〜でしたっけ」를 사용한다.

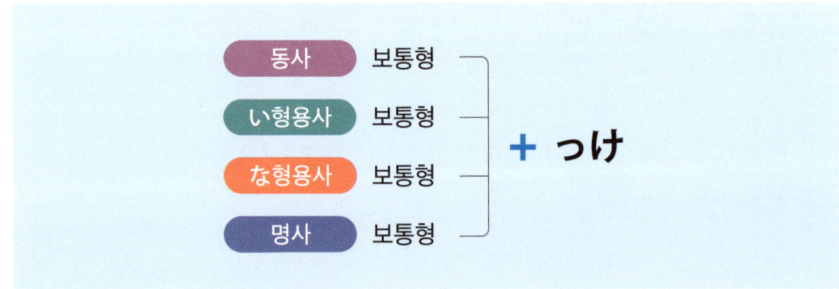

- この店には前に一度来たっけ？
  이 가게에는 전에 한번 왔었나?

- スカイツリーは東京タワーより高かったっけ？
  스카이트리는 도쿄 타워보다 높았던가?

- 去年の夏はもっと暑くなかったっけ？
  작년 여름은 더 덥지 않았나?

- 山田さんと田中さんは高校が同じだっけ？
  야마다 씨와 다나카 씨는 고등학교가 같았나?

- ミンさんのお父さんは学校の先生だっけ？
  민 씨 아버지는 학교 선생님이셨나?

함께 알아 두기

- 정중한 표현 「〜ましたっけ」, 「〜でしたっけ」도 함께 익혀 두자.

・こんなところにレストランが**ありましたっけ**？
이런 곳에 레스토랑이 있었나요?

・先生には小学生の娘さんが**いましたっけ**？
선생님에게는 초등학생 따님이 있었나요?

・こんなに遅い時間でもバスは**動いていましたっけ**？
이렇게 늦은 시간에도 버스는 다녔었나요?

・田中さんはこの歌が**好きでしたっけ**？
다나카 씨는 이 노래를 좋아했었던가요?

・スポーツの日は**9月でしたっけ**？**10月でしたっけ**？
스포츠의 날은 9월이었나요? 10월이었나요?

- 동사, い형용사의 현재・미래 시제를 나타내는 문맥에서는 「〜んだっけ」의 형태로 사용한다.

・明日どこに**集まるんだっけ**？
내일 어디에 모이기로 했지?

・アルバイトはいつまで**募集しているんだっけ**？
아르바이트는 언제까지 모집하고 있지?

・今週は何曜日が**忙しいんだっけ**？
이번 주는 무슨 요일이 바쁘다고 했지?

って

~란, ~라는 것은 [정의] / ~래, ~라고 하던데 [전문]

어떤 것에 대해 설명하거나 정의를 내릴 때, 이야기를 전하거나 인용할 때 쓰는 표현으로, 주로 친구나 친한 관계에서 많이 사용한다.

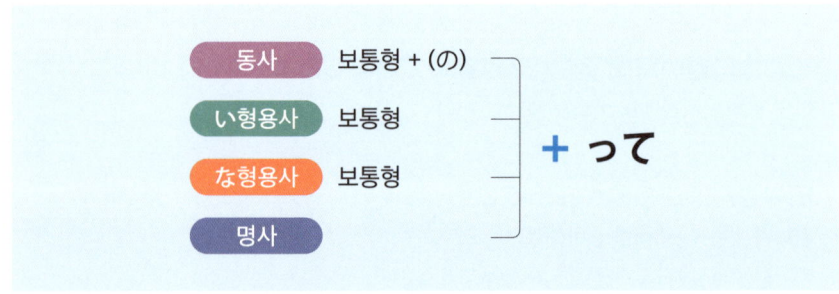

- これが終わったらすぐ帰るって言ってください。
  이것이 끝나면 곧바로 집에 간다고 말해 주세요.

- 駅まで歩いて行くのって無理ですか。
  역까지 걸어서 가는 것은 무리일까요?

- 沖縄は冬でも暖かいって言いますね。
  오키나와는 겨울에도 따뜻하다고 하지요.

- メールを見たらみんな元気だって。
  메일을 보니까 다들 건강하대. (잘 있대.)

- A 天気雨って何ですか。
  '텐키아메'라는 게 무엇인가요?
  B 天気がいいのに降る雨のことです。
  날씨가 좋은데도 내리는 비를 말합니다.

> **함께 알아 두기**

「～って」를 보다 정중하게 표현하려면 「～と ~라고」, 「～という ~라고 하는」, 「～というのは ~라고 하는 것은」를 쓴다.

- 「しんちゃん」って誰ですか。

    「しんちゃん」というのは誰ですか。
    '신 짱'이라는 것은(신 짱은) 누구입니까?

- 「明日にする」って言っていました。

    「明日にする」と言っていました。
    '내일로 한다'고 말했습니다.

- 「何でもいいです」って一番困ります。

    「何でもいいです」というのが一番困ります。
    '아무것이나 괜찮습니다'라고 하는 것이 제일 곤란합니다.

- その言い方はちょっとあいまいだって思います。

    その言い方はちょっとあいまいだと思います。
    그 표현은 좀 애매하다고 생각합니다.

- A 「土足禁止」ってどういう意味ですか。

    「土足禁止」というのはどういう意味ですか。
    '토족금지'란 이떤 의미인가요?
  B 「靴を脱いで入ってください」って意味です。

    「靴を脱いで入ってください」という意味です。
    '신발을 벗고 들어가세요'라는 의미입니다.

확인 문제　JLPT 문법_ 문법형식 판단 유형

다음 문장의 (　)에 넣기에 가장 적당한 것을 1·2·3·4에서 하나 고르세요.

1　ケータイを忘れた(　)電話もメールもできなくて困った。

　1　わけで　　　　　　　2　さいちゅうに
　3　せいで　　　　　　　4　かわりに

2　オリンピックは世界の様々な都市で4年(　)開かれます。

　1　たびに　　2　ごとに　　3　あとに　　4　までに

3　このボタンを(　)あとは機械が全部自動的にしてくれます。

　1　押しさえすれば　　　2　押すだけあれば
　3　押しこそすれば　　　4　押すのもあれば

4　母はいつも「どんなに困っても人に迷惑を(　)」と教えてくれた。

　1　かからない　2　かかるな　　3　かけるな　　4　かけよう

5　担当者が来るまでここで(　)。

　1　待つほどではありません　　2　待つにちがいありません
　3　待つとはかぎりません　　　4　待つしかありません

어휘

困る 난처하다, 곤란하다　様々だ 다양하다　開かれる 열리다　機械 기계
自動的に 자동적으로　押す 누르다　迷惑をかける 폐를 끼치다　担当者 담당자

6 自分で調べる(　　)調べて、分からないところは先生に聞きましょう。
　　1 とおり　　2 だけ　　3 ばかり　　4 なり

7 会議の資料は今読んでいる(　　)なので、もう少し待ってください。
　　1 さい　　　　　　　2 さいちゅう
　　3 しゅうちゅう　　　4 まんなか

8 このカフェは午後7時からは居酒屋をする(　　)。
　　1 ものにあった　　　2 ものになった
　　3 ことにあった　　　4 ことになった

9 どんなに辛いことがあっても人の前では嬉しそうに(　　)難しい。
　　1 笑うぞって　2 笑って　3 笑うって　4 笑いって

10 この町を観光都市として(　　)のは住民の努力が大きい。
　　1 発展した　2 発展する　3 発展させた　4 発展された

自分で 스스로　資料 자료　居酒屋 선술집　住民 주민　努力 노력　発展 발전

> 확인 문제   **JLPT 문법_** 문장 만들기 유형

다음 문장의 ___★___ 에 들어가기에 가장 적당한 것을 1·2·3·4에서 하나 고르세요.

1 朝、_____ _____ ★_____ _____ に卵をかけて食べるのは最高です。

　　1　ご飯　　　2　炊き　　　3　起きて　　　4　たての

2 母に頼まれて _____ _____ ★_____ _____ 宅配便を送ってきた。

　　1　の　　　　2　ついで　　3　に　　　　　4　買い物

3 フランスに留学した友だちに _____ _____ ★_____ _____ カードを送ってくれた。

　　1　ところ　　2　メールを　3　きれいな　　4　送った

4 このごろ娘は _____ _____ ★_____ _____ 出かけるから話す機会がない。

　　1　の　　　　2　たびに　　3　デートに　　4　休み

5 ぼくと彼女は、たとえ _____ _____ ★_____ _____ したい。

　　1　反対　　　2　結婚　　　3　しても　　　4　親が

어휘

卵 달걀　かける 뿌리다, 풀다　最高 최고　炊く (밥을) 짓다　頼まれる 부탁받다
宅配便 택배(편)　娘 딸　機会 기회　デート 데이트　反対 반대　親 부모

6 子どもたちが ＿＿ ＿＿ ★ ＿＿ 外で遊んで帰ってきた昔がなつかしい。

　　1　だらけに　　2　服を　　3　しながら　　4　どろ

7 もうすぐ夏休みだけど図書館が ＿＿ ＿＿ ★ ＿＿ ？

　　1　なるのは　　2　日曜日　　3　休みに　　4　だっけ

8 会社から帰って ＿＿ ＿＿ ★ ＿＿ においがした。

　　1　カレーの　　2　とたん　　3　家に　　4　入った

9 今日は平日 ＿＿ ＿＿ ★ ＿＿ 。

　　1　どうして　　　　　　2　なのに
　　3　だろう　　　　　　　4　人が多いのは

10 もし英語がもっと ＿＿ ＿＿ ★ ＿＿ 仕事ができたのに。

　　1　行っても　　2　だったら　　3　外国に　　4　上手

昔 옛날　なつかしい 그립다　においがする 냄새가 나다　平日 평일

つもりだ ①

~할 생각(작정, 예정)이다

말하는 사람의 의지, 예정, 계획을 말할 때 사용하는 표현이다.

> 동사　기본형 / 부정형　**+** つもりだ

- 駅の近くでアパートを探すつもりです。
  역 근처에서 아파트를 찾아볼 생각입니다.

- 次に来るバスに乗るつもりです。
  다음에 오는 버스를 탈 생각입니다.

- この問題については専門家と相談するつもりだ。
  이 문제에 대해서는 전문가와 상담할 생각이다.

- 来週の練習には参加しないつもりです。
  다음 주 연습에는 참가하지 않을 생각입니다.

- 明日は朝4時に出発するので今夜は寝ないつもりです。
  내일은 아침 4시에 출발하기 때문에 오늘 밤은 안 잘 생각입니다.

- 夜の間ずっと高速バスに乗ってホテルには泊まらないつもりだ。
  밤사이 쭉 고속버스를 타고 호텔에는 묵지 않을 작정이다.

함께 알아 두기

- 제3자의 의지를 말할 경우에도 쓸 수 있다.

・鈴木さんは自分一人でこの計画を進めるつもりです。
스즈키 씨는 자기 혼자서 이 계획을 추진할 생각입니다.

- 부정을 포함한 표현으로 「～ないつもりです ~하지 않을 생각입니다」와 「～つもりはありません ~할 생각은 없습니다」이 있는데, 「～ないつもりです」보다 「～つもりはありません」이 강하게 부정하는 뉘앙스가 있기 때문에 사용할 때 주의해야 한다.

・あの人には会わないつもりです。
그 사람은 만나지 않을 생각입니다. (만나지 않으려고 한다)

・あの人には会うつもりはありません。
그 사람은 만날 생각이 없습니다. (절대로 만나지 않겠다, 거절한다)

- 「～つもりだ」는 말하는 사람의 마음이나 의지를 표현하기 때문에 의지와 상관없이 하게 되는 일에는 쓰지 않는다.

> ✕ 今日、午後1時から会議をするつもりです。
> → 今日、午後1時から会議をする予定です。
> 오늘 오후 1시부터 회의를 할 예정입니다.
>
> ✕ 日曜は会社が休みになるつもりです。
> → 日曜は会社が休みになります。
> 일요일은 회사가 쉬게 됩니다. (쉽니다.)

つもりだ ②

(나로서는) ~라고 생각하다

자신이 의도했던 것과는 다른 결과가 올 때 사용하는 표현이다.

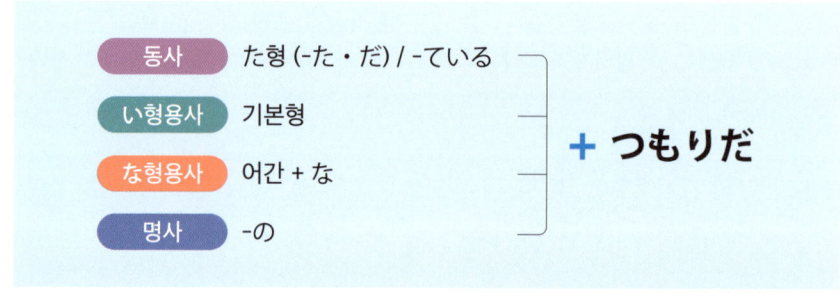

· タクシー料金を払う時1万円出したつもりだったが、千円札だった。
택시 요금을 낼 때 만 엔 냈다고 생각했는데 천 엔 지폐였다.

· 自分では若いつもりでも若い人が見ればそうは見えない。
자신은 젊다고 생각해도 젊은 사람이 보면 그렇게는 보이지 않는다.

· 丁寧なつもりで言ったがそれは失礼な言葉だった。
정중하다고 생각해서 말했지만 그것은 실례가 되는 말이었다.

· おしゃれなつもりで着た服が他の人にはだらしないものに見えることがある。
멋을 내려고 입은 옷이 다른 사람에게는 단정치 못해 보일 수 있다.

· 親切のつもりでお金を貸したことが彼の心を傷つけた。
(나로서는) 친절한 마음으로 돈을 빌려준 것이 그의 마음에 상처를 주었다.

함께 알아 두기

～つもりで

'~하는 셈 치고, ~라고 생각하고'라는 의미로 쓰일 때도 있다.

- 練習のつもりで毎朝1時間、走っています。
  연습하는 셈 치고 매일 아침 1시간 달리고 있습니다.

- 新入社員だからボーナスはなかったつもりで全部貯金しよう。
  신입 사원이니까 보너스는 없었다고 생각하고(없는 셈 치고) 전부 저축하자.

- せっかく作ったデータを消去してしまった。今から初めて作るつもりでもう一度頑張ろう。
  애써 만든 데이터를 날려 버렸다. 지금부터 처음 만든다고 생각하고 다시 한번 힘내자.

～つもりはない

'~(하)려고 한 것은 아니다'라는 의미로, 상대방의 말에 부정하며 '그러려고 한 것이 아니다'라고 변명처럼 말할 때 사용한다.

- A 試験の結果がよかったら好きなものを買ってくれるって言ったでしょ？ 시험 결과가 좋으면 원하는 걸 사 준다고 했죠?
  B そんなことを言ったつもりはないけど……。
  그런 말 한 적 없는데…….

どういうつもり？

상대방의 생각이나 행동을 비판할 때 쓰는 감정적 표현이다. 남자는「どういうつもりなんだ！」여자는「どういうつもりなの？」라는 표현을 주로 쓴다.

- こんなことをするなんて、一体どういうつもりなのか！
  이런 짓을 하다니, 도대체 무슨 생각인가! (어쩔 셈인가!)

てあげる

~해 주다(드리다)

상대방을 위해 친절하게 도와주는 행동을 말할 때 쓰는 표현이다. 주어, 즉 친절한 행위를 하는 사람은 나(私) 또는 나와 가까운 사람(가족, 동료, 친구 등)이 되는데, 자신일 경우에는 대부분 주어를 생략한다.

> 동사   て형(-て・で) **+ あげる**

- (私は)おばあさんの荷物を持ってあげました。
  (나는) 할머니의 짐을 들어 주었습니다.
- 友だちが外国人に道を教えてあげました。
  친구가 외국인에게 길을 가르쳐 주었습니다.

● 상대방을 보다 높이려면「さしあげる 드리다」를 쓴다.
- 先生を駅まで案内してさしあげました。
  선생님을 역까지 안내해 드렸습니다.
- 空港までお客さんを車で送ってさしあげた。
  공항까지 손님을 차로 바래다 드렸다.

● 동식물이거나 아랫사람일 경우「やる」를 쓰기도 한다.
- 花に水をかけてやりました。
  꽃에 물을 뿌려 주었습니다.
- 涼しくなったので犬を散歩させてやりました。
  선선해져서 강아지를 산책시켜 주었습니다.

함께 알아 두기

● 주고받는 관계에 따라 구별한다.

～てあげる 내가 남에게 해 줄 때

- (私は)山田さんに本を貸してあげました。
  (나는) 야마다 씨에게 책을 빌려주었습니다.

～てくれる 남이 나에게 해 줄 때

- 山田さんが(私に)本を貸してくれました。
  야마다 씨가 (나에게) 책을 빌려주었습니다.

～てもらう 내가 남에게 받을 때

- (私は)山田さんに本を貸してもらいました。
  (나는) 야마다 씨에게 책을 빌려받았습니다. [직역]
  야마다 씨가 (나에게) 책을 빌려주었습니다. [의역]

● 「～てくれる」, 「～てもらう」를 보다 정중하게 표현하면 다음과 같다.

- 山田さんが本を貸してくださいました。
  ＝ 山田さんに本を貸していただきました。
  야마다 씨가 (제게) 책을 빌려주셨습니다.

- ジョンさんが 弟に英語を教えてくださいました。
  ＝ 弟がジョンさんに英語を教えていただきました。
  존 씨가 남동생에게 영어를 가르쳐 주셨습니다.

044

てからは

~하고부터는, ~한 후에는

어떤 일이 일어난 후부터 그 이전과 다른 행동이나 상태가 계속되고 있음을 나타내는 표현이다.

> 동사　て형(-て・で) **+ からは**

- 子どもができてからは毎日早く帰ってくるようになった。
  아이가 태어나고부터는 매일 일찍 집에 들어오게 되었다.

- 一度失敗してからは十分準備をしてから行動するようになった。
  한번 실패하고 나서부터는 충분히 준비를 하고 행동하게 되었다.

- あの人に会ってからは社会に対する考えが変わりました。
  저(그) 사람을 만난 후에는 사회에 대한 생각이 달라졌습니다.

- 酒とタバコをやめてからは前より健康になったと感じます。
  술과 담배를 끊고 난 후에는 이전보다 건강해졌다고 느낍니다.

- パソコンを直してからは今までより動作がスムーズになりました。
  컴퓨터를 고치고 나서부터는 지금까지보다 동작(작동)이 원활해졌습니다.

- その選手はこれまでの記録を破ってからは次々に新記録を出している。
  그 선수는 지금까지의 기록을 깨고 나서부터는 연달아 신기록을 내고 있다.

함께 알아 두기

~てからは vs ~てはじめて

「~てからは ~하고부터는(나서는)」와 유사한 표현으로 「~てはじめて ~하고 나서 비로소」가 있는데, 자세한 내용은 뒤에서 자세히 살펴보도록 하자. (048 「てはじめて」 참고)

- そのケーキを食べてからは他のケーキが食べられなくなった。
  그 케이크를 먹고 난 후에는 다른 케이크를 먹을 수 없게 되었다.

- 新しい駅ができてからは通勤がとても便利になった。
  새로운 역이 생긴 후에는 출퇴근이 매우 편리해졌다.

- 遠く離れてはじめて親のありがたさが分かった。
  멀리 떨어져서 비로소 부모의 고마움을 깨달았다.

- 二人は直接会ってはじめてお互いの気持ちを理解した。
  두 사람은 직접 만나고 나서 비로소 서로의 마음을 이해하게 됐다.

~てからでないと

「~てから」가 들어간 또 다른 표현도 살펴보자. 「~てからでないと」는 '~하지 않으면'이라는 필요 조건의 의미를 가진 표현이다.

- 山で採ったキノコはよく洗ってからでないと食べられません。
  산에서 따 온 버섯은 잘 씻지 않으면 먹을 수 없습니다. (잘 씻어야만 먹을 수 있습니다.)

- 家に帰ってからでないとパソコンが見られません。
  집에 가지 않으면 컴퓨터를 볼 수 없습니다. (집에 가야만 컴퓨터를 볼 수 있습니다.)

- パスポートをもらってからでないと海外旅行には行けない。
  여권을 받지 않으면 해외여행을 갈 수 없다. (여권을 받아야만 해외여행을 갈 수 있다.)

てくる / ていく

~하고 오다 / ~하고 가다

어떤 행위를 하고 이동하는 것을 나타내는 표현이다. 「いく」는 목적지로 향해 갈 때,「くる」는 목적지에서 원래 있던 곳(예를 들어, 집, 회사, 학교 등)으로 다시 돌아올 때 쓴다.

> 동사　て형(-て・で) **+ くる / いく**

- 向こうから自転車が走ってきます。
  저쪽에서 자전거가 달려옵니다.

- 飲み物はコンビニで買ってきます。
  음료수는 편의점에서 사 오겠습니다.

- スマホを家に置いてきました。
  스마트폰을 집에 놔두고 왔습니다.

- 会社に行く前にごみを捨てていきます。
  회사에 가기 전에 쓰레기를 버리고 갑니다.

- 旅行に大きいカバンを持っていきます。
  여행에 큰 가방을 가지고 갑니다.

- クリーニング屋に服をあずけていきます。
  세탁소에 옷을 맡기고 갑니다.

함께 알아 두기

● 이 문형에서 나온 대표적인 표현이 외출할 때 주고받는 인사말이다.

> A 行ってきます。 다녀오겠습니다.
> B 行ってらっしゃい。 다녀오세요.

● 이 과에서 배우는 「~てくる」는 '어디 가서 어떤 행동을 하고 다시 처음에 있던 자리로 돌아온다'는 의미이다. '변화'를 나타내는 「~てくる ~하기 시작하다, ~해지다」와 형태는 같지만 의미가 다르다. 자세한 내용은 뒤에서 확인하고, 우선 예문으로 간단히 비교해 보자. (046「てくる」참고)

・薬局に行って薬をもらってきた。
약국에 가서 약을 받아 왔다.

・マラソンの練習で湖の周りを10回まわってきた。
마라톤 연습으로 호수 주위를 10번 돌고 왔다.

・こちらの要望は相手側に話してきます。
이쪽 요망(요청 사항)은 상대방에게 이야기하고 오겠습니다.

・高速道路の大型事故は減ってきた。
고속 도로의 대형 사고는 줄어들었다.

・エネルギー関連産業の業績が伸びてきた。
에너지 관련 산업의 업적(실적)이 늘어나고 있다.

・朝より夜の方が血圧は下がってくる。
아침보다 밤에 혈압이 떨어진다.

てくる

~하기 시작하다, ~하게 되다, ~해지다 [변화]

어떤 상태에서 다른 상태로 변화하는 것을 나타내는 표현이다.

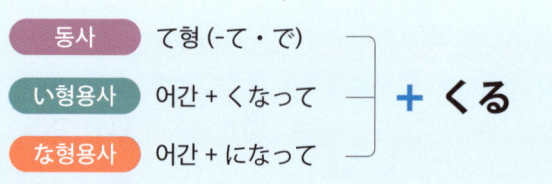

- 緊張して汗が出てきました。
  긴장해서 땀이 나기 시작했습니다.

- 試合の途中で突然雨が降ってきた。
  시합 도중에 갑자기 비가 내리기 시작했다.

- 会社の仕事にも慣れてきた。
  회사 일에도 익숙해졌다.

- お酒を飲んだら顔が熱くなってきました。
  술을 마셨더니 얼굴이 뜨거워졌습니다.

- 最近はまた海外旅行が盛んになってきました。
  최근에는 다시 해외여행이 활발해지기 시작했습니다.

함께 알아 두기

～てくる vs ～ようになる

변화를 나타내는 또 다른 표현을 살펴보자.

● ～てくる: ~(하)기 시작하다, ~(해)지다 (일부 자동사와 결합)

- 川の水が増えてくる。 강물이 불기 시작하다.
- 空に星が見えてくる。 하늘에 별이 보이기 시작하다.
- 仕事に慣れてくる。 일에 익숙해지기 시작하다.
- 雪が溶けてくる。 눈이 녹기 시작하다.

● ～ようになる: ~(하)게 되다 (타동사, 동사 가능형과 결합)

- 英語を話すようになる。 영어를 (말)하게 되다.
- 料理を作るようになる。 요리를 만들게 되다.
- 100m泳げるようになる。 100m 수영할 수 있게 되다.
- 車が運転できるようになる。 차를 운전할 수 있게 되다.

てしかたがない

~해서 견딜 수가 없다, ~해 미치겠다

어떤 감정이나 감각이 너무 강하게 느껴져 스스로 억제하기 힘든 상태를 나타낸다.

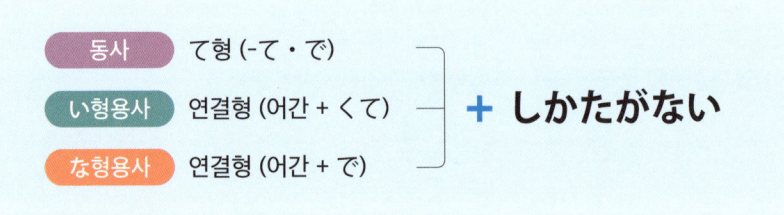

- このごろ毎日疲れてしかたがない。
  요즘 매일 피곤해 죽겠다.

- 年を取ってから昔のことが思い出されてしかたがありません。
  나이가 들면서 옛날 일들이 떠올라 견딜 수가 없습니다.

- ペットにもう会えないと思うと悲しくてしかたがない。
  반려동물을 더 이상 만나지 못한다고 생각하니 슬퍼서 못 견디겠다.

- ようやく試験が終わったが発表があるまで不安でしかたがない。
  드디어 시험이 끝났지만 발표가 있을 때까지 너무 불안해 미치겠다.

- 今回のコンサートに行けないのが残念でしかたがありません。
  이번 콘서트에 못 가는 게 너무 아쉽습니다.

> **함께 알아 두기**

부정적인 감정 외에 「嬉しい 기쁘다」, 「楽しい 즐겁다」, 「気になる 신경 쓰이다」, 「思える 생각되다」 등의 말도 함께 쓸 수 있다. 제3자에 대해 쓸 경우에는 「〜らしい、〜ようだ ~것 같다」 등의 추측을 나타내는 표현과 함께 쓴다. 유사 표현으로 회화에서는 「〜てしょうがない」를 쓸 수 있다.

- 긍정적인 감정

  - 大学に合格したので、嬉しくてしかたがない。
    대학에 합격했기 때문에 너무나도 기쁘다.

  - 久しぶりに旅行をして楽しくてしかたがない。
    오랜만에 여행을 해서 즐거워 미치겠다.

- 제3자에 대한 표현

  - 木村さんはペットがかわいくてしかたがないらしい。
    기무라 씨는 반려동물이 귀여워 어쩔 줄 몰라 하는 것 같다.

  - 父は早くゴルフに行きたくてしかたがないようだ。
    아버지는 빨리 골프를 치러 가고 싶어서 어쩔 줄 몰라 하는 것 같다.

- 회화에서는 「〜てしょうがない」

  - A 何で怒っているの。
    왜 화가 났어?
    B 田中が約束を守らないから腹が立ってしょうがないんだ。
    다나카가 약속을 지키지 않아서 화가 나 미치겠어.

  - A どうしたんですか。
    왜 그래요?
    B さっきから頭が痛くてしょうがないんです。
    아까부터 머리가 아파서 견딜 수가 없어요.

てはじめて

~하고 나서 비로소, ~하고 나서야

어떤 경험을 통해 그 전에 몰랐던 것을 알게 되거나 깨닫게 됐을 때 쓰는 표현이다. 예전의 것을 후회할 때도 쓰고, 새로운 발견에 대해 기뻐할 때도 쓴다.

동사 て형(-て・で) **+ はじめて**

- 都会で生活してはじめて故郷の自然がどれほど温かいものか分かった。
  도시에서 생활하고 나서 비로소 고향의 자연이 얼마나 따뜻한 것인지 깨달았다.

- 今度の計画の成功は多くの人の協力があってはじめて可能になる。
  이번 계획의 성공은 많은 사람들의 협력이 있어야 비로소 가능해진다.

- 大学に入学してはじめて学問のおもしろさを知った。
  대학에 입학하고 나서야 학문의 재미를 알게 되었다.

- 子どもを育ててはじめて親の苦労が理解できるようになった。
  아이를 키우고 비로소 부모님의 고생을 이해할 수 있게 되었다.

- 病気になってはじめて健康のありがたさに気づいた。
  병에 걸리고 나서야 비로소 건강의 고마움을 깨달았다.

- 外国で暮らしてはじめて韓国について深く考えることができた。
  외국에서 살고 나서 비로소 한국에 대해 깊이 생각할 수 있었다.

함께 알아 두기

～てはじめて vs ～てからは

044「てからは」 문형에서도 간단히 다룬 내용이다. 예문을 통해 뉘앙스를 비교해 보자.

● ～てはじめて: ~하고 나서 비로소, ~하고 나서야

・この料理は季節の野菜をたっぷり使ってはじめて味が引き出せる。
이 요리는 제철 채소를 듬뿍 써야 비로소 맛을 끌어낼 수 있다.

・注意されてはじめて自分の間違いに気づいた。
주의를 받고서야 비로소 자신의 잘못을 깨달았다.

・自分で書いてはじめて漢字が覚えられる。
스스로(직접) 써야 비로소 한자를 외울 수 있다.

・学校に着いてはじめて宿題を忘れたことに気がついた。
학교에 도착하고 나서야 숙제를 잊어버린 것을 알았다.

● ～てからは: ~하고부터는, ~하고 나서는

・アルバイトを始めてからは寝る時間が少なくなった。
아르바이트를 시작하고부터는 잘 시간도 적어졌다.

・結婚してからは外食をしないようになった。
결혼하고 나서는 외식을 하지 않게 되었다.

・京都で伝統料理を食べてからは日本料理について知りたくなった。
교토에서 전통 요리를 먹고부터는 일본 요리에 대해 알고 싶어졌다.

・小さい時、犬にかまれてからは動物が嫌いになった。
어릴 때 개에 물린 뒤로는 동물을 싫어하게 되었다.

てほしい
~하기를 바란다, ~하면 좋겠다

상대방에게 직설적인 요구를 하거나 희망을 (혼잣말하듯이) 말할 때 사용하는 표현이다.

동사 て형 (-て・で / -ないで) **＋ ほしい**

- こんなことはもうやめてほしい。
  이런 일은 더 이상 하지 말았으면 좋겠어.

- 明日は雨が止んでほしいですね。
  내일은 비가 그쳤으면 좋겠네요.

- どうか私のことを信じてほしい。
  제발 나를 믿어 주었으면 좋겠어.

- このことは誰にも言わないでほしいんだけど。
  이 일은 아무에게도 말하지 않았으면 좋겠는데.

- 私の机の上にあるものには触らないでほしい。
  내 책상 위에 있는 물건에는 손대지 말았으면 좋겠어.

- 好きなものを買ってあげるから、どうかもう泣かないでほしい。
  좋아하는 것을 사 줄 테니 제발 더 이상 울지 않았으면 좋겠어.

함께 알아 두기

「～てほしい」라는 말은 '강한 요구'를 나타내기 때문에 상대방에게 말할 때에는 「～てほしいんですが ~해 주었으면 좋겠는데요」, 「～てほしいと思います ~해 주었으면 좋겠습니다」와 같이 완곡하고 부드러운 표현을 쓰는 것이 좋다. 상대방이 윗사람일 경우에는 「～ていただきたいんですが ~해 주셨으면 좋겠는데요」, 「～ていただければと思います ~해 주셨으면 좋겠습니다」와 같은 표현을 쓸 수 있다.

- あの、田中さんの電話番号を教えてほしいんですが。
  저, 다나카 씨 전화번호를 알려 주었으면 하는데요.

- この部分をもう少し説明してほしいんですが。
  이 부분을 좀 더 설명해 주었으면 하는데요.

- 今日の夜、いつものレストランに来てほしいんですが。
  오늘 밤, 늘 가는 레스토랑에 와 주었으면 좋겠는데요.

- 次は必ずノートを持ってきてほしいと思います。
  다음에는 꼭 노트를 가져와 주기 바랍니다.

- 時間があったらこの本を読んでほしいと思います。
  시간이 있으면 이 책을 읽어 주었으면 합니다.

- 個人の意見でいいですから自由に話してほしいと思います。
  개인 의견이라도 좋으니 자유롭게 이야기해 주었으면 합니다.

- 夜10時過ぎには電話しないでいただきたいんですが。
  밤 10시 넘어서는 전화하지 말아 주셨으면 좋겠는데요.

- これ以上近づかないでいただきたいんですが。
  더 이상 접근하지 말아 주셨으면 하는데요.

- すぐに始めていただきたいんですが。
  바로 시작해 주셨으면 하는데요.

と

~하자, ~하고 나서 (바로), ~하면

어떤 동작에 이어서 바로 다음 동작이 이어질 때 사용한다. 「と」 뒤에 오는 문장이 현재형일 경우 습관적으로 일어나는 일을 나타낸다.

동사 기본형 **+** と

- 彼は私の顔を見ると大きく手を振った。
  그는 내 얼굴을 보자 크게 손을 흔들었다.

- 電車が到着するとたくさんの人が降りてホームは人でいっぱいになった。
  전철이 도착하자 많은 사람들이 내려서 플랫폼은 사람으로 가득 찼다.

- 先生は学生が試験を終えると「お疲れ様でした」と言った。
  선생님은 학생이 시험을 마치자 '수고하셨습니다'라고 했다.

- 朝早く起きて窓を開けると冷たい空気が入ってきた。
  아침 일찍 일어나서 창문을 열자 차가운 공기가 들어왔다.

- マリーは電話を切ると急に大きな声で泣き出した。
  마리는 전화를 끊자 갑자기 큰 소리로 울기 시작했다.

- その犬は玄関で音がすると、すぐに走って行く。
  그 강아지는 현관에서 소리가 나면 곧바로 달려간다. [습관]

함께 알아 두기

〜と vs 〜たとたん(に)

- 「〜たとたん(に)」는 「〜と」보다 더 앞뒤의 동작이 순간적으로 연결될 때 쓰는 표현이다. 즉 앞이 일이 끝남과 동시에 뒤의 일이 일어날 경우에 쓰는 표현이며, 뒤에 의지적인 행위를 나타내는 문장이 올 수 없다.

・電車が到着すると、たくさんの人が降りてホームは人でいっぱいになった。
전철이 도착하자 많은 사람들이 내려서 플랫폼은 사람으로 가득 찼다.

・電車が到着したとたん、たくさんの人が降りてホームは人でいっぱいになった。
전철이 도착하자마자 많은 사람들이 내려서 플랫폼은 사람으로 가득 찼다.

> ⭕ 彼は私の顔を見ると大きく手を振った。
> 그는 내 얼굴을 보자 크게 손을 흔들었다.
> ❌ 彼は私の顔を見たとたん大きく手を振った。

- 「〜とたんに」는 현재형에 접속하지 않는다.

> ⭕ その犬は玄関で音がすると、すぐに走って行く。
> 그 강아지는 현관에서 소리가 나면 곧바로 달려간다.
> ❌ その犬は玄関で音がするとたんに、すぐに走って行く。

といい(のに、けど)

~면 좋겠다 (좋을 텐데, 좋겠는데)

미래에 대한 희망이나 가능성을 나타내는 표현으로 현재형에만 연결이 가능하다. 실현되기 어려울 경우에는 문장 끝에 「〜のに、けど、が ~텐데, ~는데」 등을 붙인다. 과거에 일어난 일을 '되돌릴 수 있다면 좋았을 텐데'라고 표현하고 싶을 때는 「〜ば、たら ~면」를 써서 「〜ばよかったのに / 〜たらよかったのに ~면 좋았을 텐데」라고 표현한다.

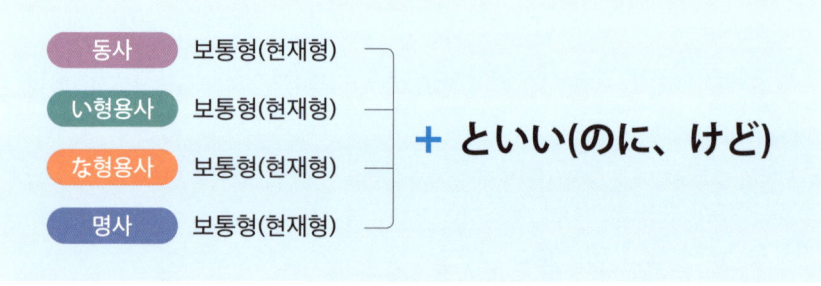

- 駅前に大きいスーパーができるといいですね。
  역 앞에 큰 슈퍼가 생기면 좋겠네요.

- 台風が来ないといいですが。
  태풍이 오지 않으면 좋겠는데요.

- 韓国料理が辛くないといいんですが、やっぱり辛いですね。
  한국 요리가 맵지 않으면 좋겠는데, 역시 맵네요.

- 期末試験が簡単だといいんだけど。
  기말 시험이 간단하면 좋겠는데.

- 毎日が日曜日だといいです。
  매일 일요일이면 좋겠습니다.

함께 알아 두기

유사 표현을 함께 알아 두자.

～ば いいのに ~면 좋을 텐데

「〜と」 대신 「〜ば ~면」를 쓸 수 있다. 또, 과거를 후회할 경우에는 「〜と」를 쓸 수 없기 때문에 「〜ば よかったのに ~면 좋았을 텐데」를 쓰면 된다.

- よく見えない時は前に座ってみればいいのに。
  잘 보이지 않을 때는 앞에 앉아서 보면 좋을 텐데.

- 学生の時、もっと勉強しておけばよかったのに……。
  학생일 때 좀 더 공부해 두었으면 좋았을 텐데…….

～たら いいのに ~면 좋을 텐데

「〜と」보다 약간 회화적인 느낌이며, 희망이나 후회, 아쉬운 감정을 나타낼 때 쓴다.

- 駅前に大きいスーパーができるといいですね。
  ＝ 駅前に大きいスーパーができたらいいですね。
  역 앞에 큰 슈퍼가 생기면 좋겠네요.

- 期末試験が簡単だといいんだけど。
  ＝ 期末試験が簡単だったらいいんだけど。
  기말 시험이 간단하면 좋겠는데.

という

~라는, ~라고 하는 [설명]

「〜という」다음에 오는 명사(전화, 알림, 기사, 의견 등)의 내용을 설명할 때 사용한다. 회화에서는「〜っていう」라는 형태로 많이 쓴다.

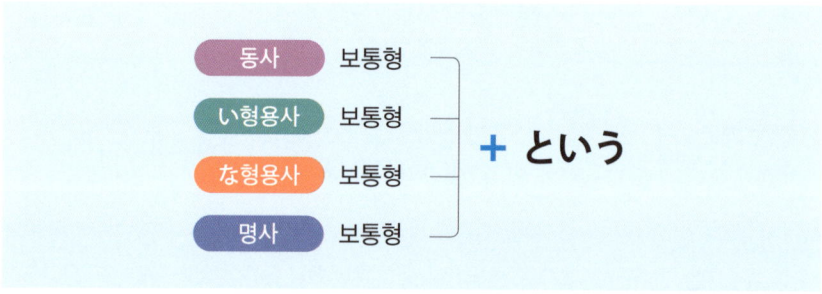

- 山田さんから明日9時に集まるという電話がありました。
  야마다 씨로부터 내일 9시에 모인다고 하는 전화가 있었습니다.

- 卒業したら留学したいという考えに変わりはない。
  졸업하면 유학을 가고 싶다는 생각에 변함은 없다.

- 地球は丸いという事実を否定する人はいません。
  지구는 둥글다는 사실을 부정하는 사람은 없습니다.

- 新宿がにぎやかだというニュースを見て行ってみたくなりました。
  신주쿠가 번화하다는 뉴스를 보고 가 보고 싶어졌습니다.

- あの人が前はスポーツ選手だったという話が信じられない。
  저 사람이 전에는 스포츠 선수였다는 이야기가 믿을 수 없다.

> **함께 알아 두기**

「って」는 인용을 나타내는 조사「と」의 회화체 형태이다. 따라서「という」를「っていう」로 바꾸면 격식 없이 편하게 사용하는 표현이 된다. (040「って」참고)

- 山田さんから明日9時に集まるという電話がありました。
  山田さんから明日9時に集まるっていう電話がありました。
  야마다 씨로부터 내일 9시에 모인다는 전화가 있었습니다.

- 友だちから銀行の前で待っているっていうメールが来ました。
  친구로부터 은행 앞에서 기다리고 있다는 메일이(문자가) 왔습니다.

- あの二人が付き合っているって知らなかった。
  그 두 사람이 사귀고 있다는 것은 몰랐다.

- 強いチームに勝つことができたっていう経験が重要だ。
  강한 팀을 이길 수 있었다는 경험이 중요하다.

- 友だちがいなくて寂しかったっていう言葉に泣いてしまった。
  친구가 없어서 외로웠다고 하는 말에 울고 말았다.

- そのホテルは清潔だったっていうコメントを聞いて安心した。
  그 호텔은 청결했다는 코멘트를(의견을) 듣고 안심했다.

- A 彼の両親は二人とも弁護士だって聞いた？
  그의 부모님은 둘 다 변호사라는 거 들었어?

  B えー、知らなかった。
  오~, 몰랐어.

といっても

~라고 해도

앞부분의 내용을 부정하거나 대단하지 않다고 서술할 때 쓴다.

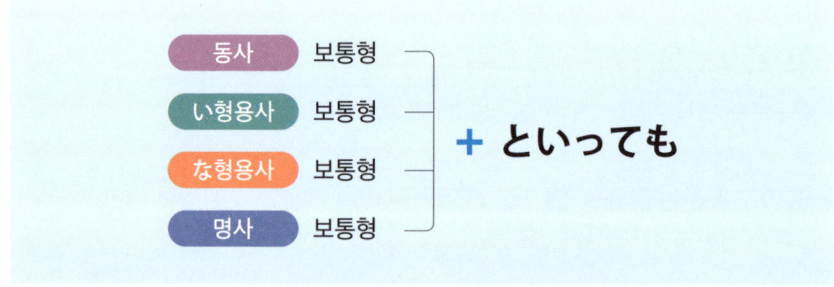

- 冬が過ぎたといっても3月の初めは朝はとても寒い。
  겨울이 지났다고 해도 3월 초의 아침은 매우 춥다.

- 東京に住んでいたといっても2年間だけです。
  도쿄에 살았다고 해도 2년간뿐입니다.

- 軽いといっても5キロ以上あるから子どもには持てない。
  가볍다고 해도 5킬로 이상 되기 때문에 어린아이는 들 수 없다.

- 確実だといっても100％とは言えない。
  확실하다고 해도 100퍼센트라고는 말할 수 없다.

- 兄弟(だ)といっても年齢が12歳も違う。
  형제라고 해도 나이가 열두 살이나 차이 난다.

함께 알아 두기

~といっても vs ~というより

「~といっても ~라고 해도」는 '앞에서 서술한 내용이 기대에 못 미치거나 약간 다르다'는 것을 나타낸다면 「~というより ~라기 보다」는 '앞에서 서술한 내용보다 다른 표현이 타당하다'라고 할 때 사용한다.

- 春といってもまだ寒い。
  봄이라고 해도 아직 춥다.

- 春というより寒くて冬みたいだ。
  봄이라기 보다 추워서 겨울 같다.

- 友だちといっても挨拶するくらいだ。
  친구라고 해도 인사하는 정도이다.

- 友だちというより知人という程度だ。
  친구라기 보다 지인이라고 할 정도이다.

- 会社といっても社員は2人だけです。
  회사라고 해도 사원은 두 명뿐입니다.

- 会社というよりサークルのようなものです。
  회사라기 보다 동아리와 같은 것입니다.

- 旅行といっても電車で1時間のところです。
  여행이라고 해도 전철로 1시간 거리입니다.

- 旅行というより気分を変えるための外出です。
  여행이라기 보다 기분을 전환하기 위한 외출입니다.

とおり(に)

~대로

'어떤 모양이나 상태와 같이', '그것과 동일하게'라는 의미이다. 명사에 결합할 때는 「명사 + の + とおりに」, 「명사 + どおりに」의 두 가지 형태가 있다.

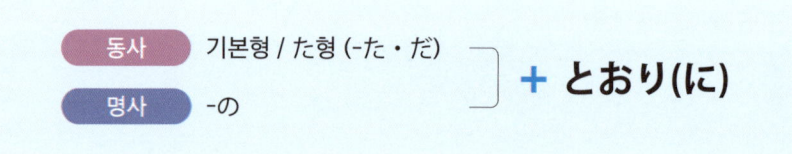

- ピアノをひく時は私が動かすとおりに指を動かしてください。
  피아노를 칠 때는 제가 움직이는 대로 손가락을 움직여 주세요.

- 松岡さんは聞いていたとおり、とてもおもしろい人だった。
  마츠오카 씨는 듣던 대로 매우 재미있는 사람이었다.

- 台風は予想したとおり、海の方に向かった。
  태풍은 예상했던 대로 바다 쪽으로 향했다.

- 駅から地図のとおりに来れば私の家はすぐ分かります。
  역에서 지도를 따라 그대로 오면 우리 집은 바로 알 수 있습니다. (찾을 수 있습니다.)

- 人生は思いどおりにならないことが多い。
  인생은 뜻대로 되지 않는 일이 많다.

- 説明書のとおりにすれば簡単にできます。
  설명서대로 하면 간단히 할 수 있습니다.

> 함께 알아 두기

～とおりに vs ～ように

- 「～とおりに ~대로」와 「～ように ~같이」는 접속 형태가 같고 의미도 비슷하지만 서로 바꿔 쓸 수 없는 경우도 있으니 예문으로 익혀 두는 것이 좋다.

- この書類は次のとおりに書いてください。
  이 서류는 다음과 같이 써 주세요.

- この書類は次のように書いてください。
  이 서류는 다음과 같이 써 주세요.

- 先週お知らせしたとおり、会議は2時からです。
  지난주에 알려 드린 대로 회의는 2시부터입니다.

- 先週お知らせしたように会議は2時からです。
  지난주에 알려 드린 것처럼 회의는 2시부터입니다.

- 「とおりに」만 가능한 경우

  - 地図のとおりに歩けば5分で着きます。
    지도대로(지도를 따라) 걸으면 5분이면 도착합니다.

  - 先生の発音のとおりに言ってみてください。
    선생님 발음대로(발음을 따라) 말해 보세요.

- 「ように」만 가능한 경우

  - 先輩のようになりたい。 선배처럼 되고 싶다.

  - 10月なのに冬のように寒い。 10월인데 겨울처럼 춥다.

とか 〜とか

~거나 ~거나 / ~든가 ~든가

구체적인 예를 제시할 경우에 쓰는 표현이다.「〜とか 〜とかする」,「〜とか 〜とか 言う」의 형태로 많이 쓴다.

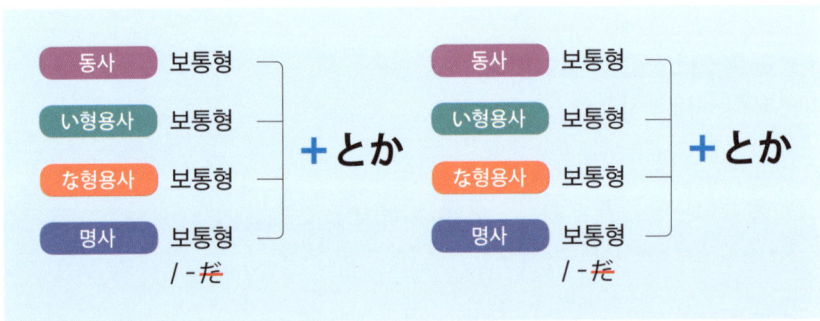

- 地震の時は机の下に入るとか、大きなビルを探すとかして危険を避けてください。
  지진이 날 때는 책상 밑으로 들어가든가 큰 빌딩을 찾든가 해서 위험을 피하세요.

- 作品がおもしろいとか、つまらないとかを決めるのは見る人です。
  작품이 재미있는지 재미없는지를 결정하는 것은 보는 사람(의 몫)입니다.

- 面接の時に評価されるのは積極的だとか、まじめだとか合格のポイントがある。
  면접을 볼 때 평가되는 것은 적극적이라든가 성실하다라든가 합격 포인트가 있다.

- すしとか、天ぷらとか有名な日本料理は値段が高い。
  초밥이라든가 튀김이라든가 유명한 일본 요리는 가격이 비싸다.

> **함께 알아 두기**

- 유사한 표현으로「〜たり〜たり ~하거나 ~하거나」가 있다.

・地震の時は机の下に入るとか、大きなビルを探すとかして危険を避けてください。
지진이 날 때는 책상 밑으로 들어가든가 큰 빌딩을 찾든가 해서 위험을 피하세요.

・地震の時は机の下に入ったり、大きなビルを探したりして危険を避けてください。
지진이 날 때는 책상 밑으로 들어가거나 큰 빌딩을 찾거나 해서 위험을 피하세요.

・スピーチは内容がよければ時間が長いとか短いとかは関係ない。
스피치는 내용이 좋으면 시간이 길든 짧든 관계없다.

・スピーチは内容がよければ時間が長かったり短かったりは関係ない。
스피치는 내용이 좋으면 시간이 길거나 짧거나 하는 것은 관계없다.

- 단,「〜とか ~とか」와「〜たり ~たり」는 항상 교체할 수 있는 것이 아니라 문맥에 따라 서로 바꿀 수 없거나 바꾸면 어색해지는 경우도 있으니 참고만 해 두자.

> ○ 野菜の値段はその日によって高かったり安かったりします。
> 야채의 가격은 그날에 따라 비싸기도 하고 저렴하기도 합니다.
> × 野菜の値段はその日によって高いとか安いとかします。

ところだ

~하려는 참이다, 이제 막 ~했다, 한창 ~하는 중이다

「〜ところだ」 앞에 오는 동사의 시제에 따라 '동작의 시작 직전', '동작이 끝난 직후', '동작의 진행 중'을 나타낼 수 있다.

동사 기본형 / た형 / 진행형 **+ ところだ**

동사 기본형

- ちょうど今、出発するところだった。 마침 지금 출발하려는 참이었다.
- もうすぐ10時になるところです。 곧 10시가 되겠습니다.

동사 た형

- たった今、試合の延期が決まったところだ。
  지금 막 시합의 연기가 결정되었다.
- 今ホテルに着いたところです。
  방금 호텔에 도착했습니다.

동사 진행형

- 天気が良くなったので洗濯物を干しているところです。
  날씨가 좋아져서 빨래를 말리고 있는 중입니다.
- カフェで友だちを待っているところにメッセージが来た。
  카페에서 친구를 기다리고 있을 때 메시지가 왔다.

함께 알아 두기

~たところだ vs ~たばかりだ

둘 다 의미는 비슷하지만「~たところだ」는 상황이 일어난 직후의 시점을 나타내는 데 비해「~たばかりだ ~한 지 얼마 안 되다, 막 ~하다」는 그보다는 시간의 폭이 넓다. 그 일이 일어난 지 얼마 되지 않았다는 것을 강조하면서 뒤에 일어나는 일을 설명하는 경우에 사용하는데,「~たばかりで」,「~たばかりなので」의 형태로 사용한다.

- 今、帰ってきたところです。
  今、帰ってきたばかりです。
  지금 막 돌아왔습니다.

- 今日は忙しくて、今仕事が終わったところです。
  오늘은 바빠서 지금 막 일이 끝났습니다.

- さっきご飯を食べたばかりで今お腹がいっぱいです。
  아까 밥을 막 먹어서(밥을 먹은 지 얼마 안 돼서) 지금 배가 부릅니다.

- 日本に来たばかりなのでまだ日本語がよく分かりません。
  일본에 온 지 얼마 되지 않아서 아직 일본어를 잘 모릅니다.

- まだ起きたばかりでこれから顔を洗います。
  아직 일어난 지 얼마 되지 않아서 이제부터 세수를 할게요.

として

~로서, ~로

자격이나 입장, 관점, 부류, 명목 등을 나타낼 때 쓰는 표현이다.

명사 + として

- 医者として禁煙をすすめます。
  의사로서 금연을 권장합니다.

- 留学生として4年間日本で生活しました。
  유학생으로서 4년간 일본에서 생활했습니다.

- 浅草は観光地として有名です。
  아사쿠사는 관광지로 유명합니다.

- おでんは冬の料理として多くの人に愛されている。
  오뎅(어묵)은 겨울의 요리로 많은 사람에게 사랑받고 있다.

- 夢を学問として研究するのは心理学だ。
  꿈을 학문으로서 연구하는 것은 심리학이다.

함께 알아 두기

～としては

「～として」뒤에 조사 「は」가 결합한 형태로, '~로서는', '~입장(관점)에서 말하자면, 생각하자면'이라는 의미를 나타낸다.

- 私としてはその意見に賛成です。
  저로서는 그 의견에 찬성합니다.

- 親としては子どもの幸せを願うばかりです。
  부모로서는 아이의 행복을 바랄 따름입니다.

- お店としては営業時間を長くできればいいと思います。
  가게로서는 영업 시간을 길게 할 수 있으면 좋겠습니다.

- 読者としては直接、作家の話を聞いてみたいです。
  독자로서는 직접 작가의 이야기를 들어 보고 싶습니다.

- 毎日電車を利用する私たちとしては交通費が上がるのは困ります。
  매일 전철을 이용하는 우리로서는 교통비가 오르는 것은 곤란합니다.

- このグループのファンとしては彼がいなくなるのはとても寂しい。
  이 그룹의 팬으로서는 그가 사라지는 것은 너무 섭섭하다.

（たとえ）〜としても

(가령, 만약) ~라고 하더라도

가령 어떤 일이나 상황이 사실이라도 뒤에 오는 일이나 상황에는 영향을 미치지 못한다는 것을 말할 때 쓰는 표현이다.

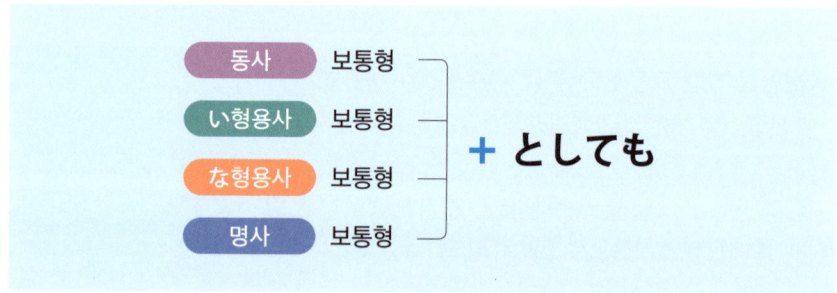

- たとえ今日申し込んだとしても結果は来月まで分からない。
  가령 오늘 신청했다고 해도 결과는 다음 달까지 알 수 없다.

- 学校でどんなに成績がよかったとしても試験の時に実力が出せないこともある。
  학교에서 아무리 성적이 좋았다고 해도 시험 때 실력을 발휘하지 못하는 경우도 있다.

- それがどれほど重要だとしても人の命には換えられない。
  그것이 아무리 중요하다고 해도 사람의 생명과는 바꿀 수 없다.

- たとえ昔、金持ちだったとしても今の姿はあまりにかわいそうだ。
  설령 옛날에 부자였다 할지라도 지금의 모습은 너무나 딱하다.

함께 알아 두기

「〜としても」 앞에 「たとえ 비록, 설령」,「仮(かり)に 가령」,「もし 만약」 등 가정의 의미를 강조하는 부사와 함께 쓸 수 있다. 「たとえ」,「仮(かり)に」는 딱딱한 문장체 표현이고 「もし」는 회화체이다. 「〜としても」를 회화에서는 동사, 형용사에 「ても」를 붙여서 「申(もう)し込(こ)んでも 신청해도」,「仲(なか)がよくても 사이가 좋아도」처럼 간단하게 쓸 수 있다.

- たとえ嵐(あらし)が来(く)るとしても私(わたし)は君(きみ)に会(あ)いにいく。
  설령 폭풍우가 온다 해도 나는 너를 만나러 간다.

- 仮(かり)に今回合格(こんかいごうかく)できないとしても決(けっ)してあきらめない。
  가령 이번에 합격하지 못한다고 할지라도 결코 포기하지 않는다.

- もし私(わたし)が遅(おく)れるとしても先(さき)に行(い)ってください。
  만약 제가 늦더라도 먼저 가세요.

- もし今日申(きょうもう)し込(こ)んでも結果(けっか)は来月(らいげつ)まで分(わ)からない。
  만약 오늘 신청해도 결과는 다음 달까지 알 수 없다.

- 二人(ふたり)がどんなに親(した)しくても個人情報(こじんじょうほう)を知(し)らせるなんて、ありえない。
  두 사람이 아무리 친해도 개인 정보를 알려 주다니 있을 수 없다.

- 同(おな)じ学校(がっこう)に通(かよ)っていてもお互(たが)いに名前(なまえ)も知(し)らない人(ひと)はいる。
  같은 학교에 다녀도 서로 이름도 모르는 사람은 있다.

とすると

~라고 한다면, ~라고 가정하면

어떤 상황이나 일이 '사실이라고 한다면, 실현된다고 한다면, 그렇게 간주한다면' 하고, 가정할 때 쓰는 표현이다.

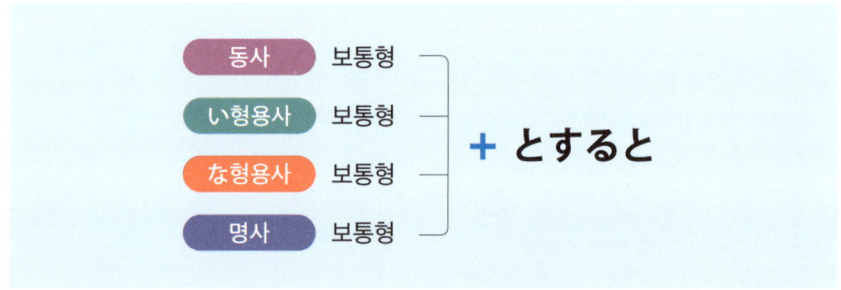

- 明日朝4時に起きるとすると、今日は10時までには寝なくちゃ。
  내일 아침 4시에 일어난다고 하면, 오늘은 10시까지는 자야지.

- 映画が今始まったとすると先に食事をして次の回を見ればいいね。
  영화가 지금 막 시작됐다면 먼저 식사를 하고 다음 회를 보면 되겠네.

- みんな忙しいとすると、旅行は来月にしたほうがいいね。
  모두 바쁘다고 하면 여행은 다음 달에 하는 것이 좋겠지?

- 家の外側は大丈夫だとすると内側を修理しましょう。
  집의 바깥쪽은 괜찮다고 한다면 안쪽을 수리합시다.

- (地図を見ながら) ここが駅だとすると病院はこのあたりにあります。
  (지도를 보며) 여기가 역이라고 하면 병원은 여기쯤에 있습니다.

> 함께 알아 두기

～とすると VS ～としたら VS ～とすれば

「～としたら ~라고 한다면」는「～とすると」보다 회화체의 느낌이며, 뒤에 추측이나 의문문이 올 경우가 많다.「～とすれば ~라고 하면, ~라고 치면」는 '~라고 가정하면 어떤 결과가 될 것이다'라고 하는 주관적 판단이 오는 경우가 많다.

- 来週が試験だとすると今週はアルバイトを休んで勉強しよう。
 다음 주에 시험이라면 이번 주는 아르바이트를 쉬고 공부하지.

- 昨日行ったお店にもなかったとするとケータイがどこにあるか分からない。 어제 갔던 가게에도 없었다면 휴대폰이 어디에 있는지 모르겠다.

- 先生に電話するとしたら何時ごろがいいですか。
 선생님께 전화한다고 하면 몇 시쯤이 좋을까요?

- 住所が同じだとしたら二人は一緒に住んでいるんでしょう。
 주소가 똑같다면 두 사람은 같이 사는 거겠죠.

- 山田さんが今日も来ないとすればちょっと心配になりますね。
 야마다 씨가 오늘도 안 온다면 좀 걱정이 되는데요.

- このまま人口が減るとすればもっと積極的な対策が必要だと思います。 이대로 인구가 감소한다고 하면 좀 더 적극적인 대책이 필요하다고 생각합니다.

とともに
~와 함께

'~와 같이, ~에 더불어서, ~와 공동으로' 등의 의미로 사용된다.

명사 + とともに

- 今は家族とともに幸せに暮らしています。
  지금은 가족과 함께 행복하게 살고 있습니다.

- 申込書を会費とともに封筒に入れて出した。
  신청서를 회비와 함께 봉투에 넣어서 냈다.

- 20世紀の産業は石油エネルギーとともに発展した。
  20세기의 산업은 석유 에너지와 함께 발전했다.

- 学生は社会学とともに必ず心理学を学ばなければなりません。
  학생은 사회학과 함께 반드시 심리학을 배워야 합니다.

- 私は学生のころからサッカーとともに人生を生きてきた。
  나는 학생 시절부터 축구와 함께 인생을 살아왔다.

- ビザを申請する時パスポートとともに身分証明書が必要です。
  비자를 신청할 때 여권과 함께 신분증이 필요합니다.

함께 알아 두기

～とともに VS ～と一緒(いっしょ)に

유사 표현인「～と一緒(いっしょ)に ~와 함께(같이)」는 회화에서 많이 사용한다.

- 年齢(ねんれい)とともに歩(ある)くのが辛(つら)くなる。
  나이와 함께(나이가 들면서) 걷기가 힘들어진다.

- 季節(きせつ)の変化(へんか)とともに山(やま)にある草木(くさき)の色(いろ)も変(か)わっていきます。
  계절의 변화와 함께 산에 있는 초목의 색도 변해 갑니다.

- 台風(たいふう)の発達(はったつ)とともに雨(あめ)の降(ふ)る地域(ちいき)が広(ひろ)がってきました。
  태풍이 발달과 함께 비가 내리는 지역이 확대되기 시작했습니다.

- この薬(くすり)は水(みず)と一緒(いっしょ)に飲(の)んでね。
  이 약은 물과 함께 먹어요.

- 子(こ)どもたちと一緒(いっしょ)に遊園地(ゆうえんち)に遊(あそ)びに行(い)った。
  아이들과 함께 놀이공원에 놀러 갔다.

- 毎朝(まいあさ)、犬(いぬ)と一緒(いっしょ)に散歩(さんぽ)をするのが習慣(しゅうかん)です。
  매일 아침 강아지와 함께 산책을 하는 것이 습관입니다.

확인 문제 　JLPT 문법_ 문법형식 판단 유형

다음 문장의 ( )에 넣기에 가장 적당한 것을 1·2·3·4에서 하나 고르세요.

1 今回の計画には一人で参加する（　　）が、他の人にも一度聞いてみます。

　1　つごうです　2　つもりです　3　たいどです　4　ところです

2 若いころは毎日遅くまで友だちと遊んでいたが、結婚（　　）生活が変わった。

　1　するまえは　2　したときは　3　してからは　4　してみても

3 物価が高く生活が苦しくて（　　）から、夜もアルバイトをしている。

　1　しかたがない　　　　　2　することがない
　3　もったいない　　　　　4　こまらない

4 家に電話（　　）知らない人が出たので驚いた。

　1　すれば　2　しながら　3　すると　4　したから

5 自分では努力した（　　）が、結果は前回の試験より悪かった。

　1　はずだった　　　　　2　よていだった
　3　ままだった　　　　　4　つもりだった

어휘

参加 참가　都合 형편　態度 태도　結婚 결혼　変わる 달라지다　物価 물가
苦しい 괴롭다, 힘들다　驚く 놀라다　努力 노력　結果 결과　前回 지난번

6 もう雨が一週間も降っているからそろそろ止んで(　　　)。

   1　いたい　　2　みよう　　3　しまう　　4　ほしい

7 この事業は地域の住民の協力が(　　　)成功するだろう。

   1　あるのにくらべて　　　　2　あってはじめて
   3　あったといえば　　　　　4　あったとしても

8 私は横断歩道を渡るおばあさんの荷物を持って(　　　)。

   1　あげました　　　　2　もらいました
   3　やりました　　　　4　くれました

9 家族のために子どもが苦労する(　　　)映画を見て泣きました。

   1　といって　　2　といった　　3　という　　4　となる

10 雨が降って(　　　)急いで洗濯物を中に入れました。

   1　いくので　　2　こないので　3　きたので　　4　いったので

止む 멈추다, 그치다　事業 사업　地域 지역　住民 주민　協力 협력　成功 성공
苦労 고생　急いで 서둘러　洗濯物 세탁물, 빨래

확인 문제 JLPT 문법_ 문장 만들기 유형

다음 문장의 ___★___ 에 들어가기에 가장 적당한 것을 1·2·3·4에서 하나 고르세요.

1 地震が起きた ___ ___ ★ ___ とか公共交通が止まることが多い。

　　1　バス　　　2　は　　　3　とき　　　4　電車とか

2 沖縄は冬でも暖かい ___ ___ ★ ___ でしょう。

　　1　行く　　　2　から　　　3　といい　　　4　正月に

3 今から食事に ___ ___ ★ ___ 一緒にどうですか。

　　1　よかったら　2　ところ　　3　ですが　　4　行く

4 どんなに元気 ___ ___ ★ ___ 取れば健康に注意しなければならない。

　　1　を　　　2　だ　　　3　年　　　4　としても

5 卒業証明書は ___ ___ ★ ___ までに出してください。

　　1　明日　　　2　ともに　　　3　と　　　4　申込書

어휘

公共交通 대중교통　　止まる 멈추다　　沖縄 오키나와(지명)　　正月 정월, 설　　健康 건강
卒業証明書 졸업 증명서　　申込書 신청서

정답·해석 236p

6 来月旅行に＿＿＿ ＿＿＿ ★ ＿＿＿ ホテルの予約はしておきましょう。

　　1　すると　　2　には　　3　行くと　　4　今週中

7 料理は＿＿＿ ＿＿＿ ★ ＿＿＿ おいしくなかった。

　　1　とおりに　　2　けど　　3　作った　　4　レシピの

8 私と娘は＿＿＿ ＿＿＿ ★ ＿＿＿ 暮らしています。

　　1　みたいに　　2　親子　　3　友だち　　4　というより

9 3月は＿＿＿ ＿＿＿ ★ ＿＿＿ まだまだ寒いです。

　　1　朝晩　　2　といっても　　3　は　　4　春だ

10 いつまでも無理は＿＿＿ ＿＿＿ ★ ＿＿＿ 彼に忠告した。

　　1　親友　　2　として　　3　と　　4　続かない

予約 예약　レシピ 레시피　暮らす 지내다, 살다　親子 부모와 자식　朝晩 아침저녁
無理 무리　忠告 충고　親友 친한 친구, 절친

とはかぎらない

(꼭) ~라고는 할 수 없다

'반드시 그런 것만은 아니다'라는 의미로, 예외도 있음을 말할 때 쓰는 표현이다.

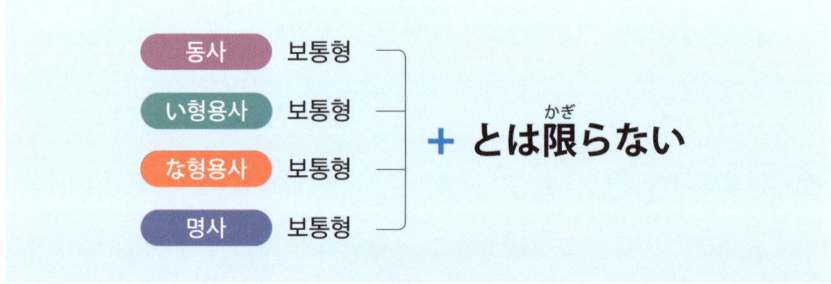

- 梅雨だからといって毎日雨が降るとは限らない。
  장마라고 해서 매일 비가 온다고는 할 수 없다.

- 値段が高い料理がおいしいとは限らない。
  가격이 비싼 요리가 반드시 맛있는 것은 아니다.

- ピアノが上手な人が歌も上手だとは限らない。
  피아노를 잘 치는 사람이 노래도 잘 부른다는 법은 없다.

- 貧しい家庭が幸せじゃないとは限らないでしょう。
  가난한 가정이 행복하지 않다고는 말할 수 없을 거예요.

- 事件が起きた場所にいたとしても犯人(だ)とは限らない。
  사건이 일어난 장소에 있었다고 해도 범인이라고는 단정할 수 없다.

> **함께 알아 두기**

〜とは限らない VS 〜かもしれない

단정적인 어조를 피하고, 어떤 가능성이 있을 수 있음을 나타낼 때 쓰는 표현으로「〜かもしれない ~일지도 모른다, ~일 수도 있다」가 있다.「〜とは限らない ~라고는 할 수 없다」라는 표현은 '반드시 그렇지만은 않다'라고 하며, 그렇지 않은 경우를 주목하는 표현이라면「〜かもしれない」는 '그럴 수도 있고 아닐 수도 있다', 즉 가능성이 반반인 경우에도 사용할 수 있는 표현이다.

- 夏はいつも暑いとは限らない。
  여름은 항상 덥다고는 말할 수 없다.

- 今年の夏は暑くないかもしれない。
  올 여름은 덥지 않을지도 모른다.

- 私が行くとは限らない。
  내가 꼭 간다고는 말할 수 없다.

- 私が行かないかもしれない。
  내가 가지 않을지도 모른다.

> | 来るとは限らない。 ≒ 来ないかもしれない。
> | (꼭) 온다고는 할 수 없다.   안 올지도 모른다.
> |
> | 来ないとは限らない。 ≒ 来るかもしれない。
> | 오지 않는다고는 할 수 없다.   올지도 모른다.

とみえて

~는지, ~는 모양인지, ~는 것처럼

앞에 추측하는 것을 말하고, 뒤에 추측의 이유나 근거를 말하는 표현이다.

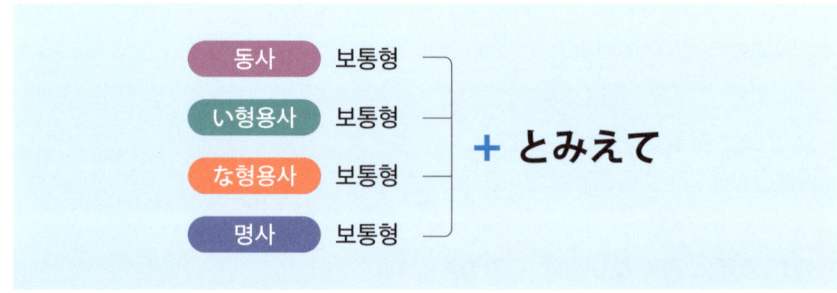

- 有名な人が来るとみえて、空港にはたくさんの人が集まっていた。
  유명한 사람이 오는 모양인지 공항에는 많은 사람들이 모여 있었다.

- 彼は昨日のデートがうまくいったとみえて、機嫌がいい。
  그는 어제 데이트가 잘 됐는지 기분이 좋아 보인다.

- 9月になっても暑いとみえて、皆まだ半袖のシャツを着ています。
  9월이 되어도 더운 모양인지 다들 아직 반팔 셔츠를 입고 있습니다.

- ソファの上が快適だとみえて、そのネコは長い間そこで寝ていた。
  소파 위가 쾌적한지 그 고양이는 오랫동안 거기서 자고 있었다.

- とても大きな地震だったとみえて、店の中の品物が全部落ちていた。
  몹시 큰 지진이었던 모양인지 가게 안의 물건이 모두 떨어져 있었다.

함께 알아 두기

～とみえて vs ～みたいで

회화에서는「～みたいで」를 많이 사용한다.

- まだバスが 動いているとみえて、何人かバスを待つ人がいた。
  아직 버스가 다니는 모양인지 몇 명인가 버스를 기다리는 사람이 있었다.

- 映画がおもしろくないとみえて、隣の人が居眠りしていた。
  영화가 재미없는 모양인지 옆 사람이 졸고 있었다.

- 子どもは果物が嫌いだとみえて、りんごを一つも食べなかった。
  아이는 과일을 싫어하는지 사과를 하나도 먹지 않았다.

- 今日は休みだとみえて、店は閉まっていた。
  오늘은 쉬는 날인 모양인지 가게는 닫혀 있었다.

- 店はまだ開いているみたいで、電気がついていた。
  가게는 아직 열려 있는지 불이 켜져 있었다.

- 昨日は眠れなかったみたいで、目が真っ赤でした。
  어제는 잠을 못잤는지 눈이 새빨갰습니다.

- 朝からずっと頭が痛いみたいで、午後から病院に行くそうです。
  아침부터 계속 머리가 아픈 모양인지 오후부터 병원에 간다고 합니다.

- 自動車事故みたいで、警察が来ています。
  자동차 사고인지 경찰이 와 있습니다.

ないわけにはいかない

~하지 않을 수(는) 없다

어떤 이유나 사정으로 '그 외에 선택지가 없다, 피할 수 없는 일이다'라고 할 때 쓰는 표현이다. 그러나 '꼭 ~하기 싫다'는 뉘앙스는 아니다.

동사 ない형 **+ ないわけにはいかない**

- 課長の指示ならやらないわけにはいかない。
 과장님의 지시라면 하지 않을 수 없다.

- 10年ぶりに優勝したんだから喜ばないわけにはいきません。
 10년만에 우승했으니 기뻐하지 않을 수가 없지요.

- その歌手の1年ぶりのアルバムだから買わないわけにはいかない。
 그 가수가 1년만에 낸 앨범이기 때문에 사지 않을 수 없다.

- 先輩のすすめだからその人の話を聞かないわけにはいかないでしょう。 선배의 추천이라서 그 사람의 이야기를 듣지 않을 수 없지요.

- これが終電だから乗らないわけにはいきません。
 이게 막차이기 때문에 타지 않을 수 없습니다.

- 友だちが店を開いたからお祝いしないわけにはいかない。
 친구가 가게를 열었기 때문에 축하하지 않을 수 없다.

함께 알아 두기

～ないわけにはいかない vs ～ないわけではない

「～ないわけにはいかない ~지 않을 수 없다」와「～ないわけではない ~지 않은(는) 것은 아니다」는 형태가 비슷해서 혼동하기 쉽다. 예문을 통해서 의미를 잘 구분하자.

- お腹がいっぱいでもご飯を食べないわけにはいかない。
  배가 불러도 밥을 먹지 않을 수 없다.

- お腹がいっぱいだからといってご飯を食べないわけではない。
  배가 부르다고 해서 밥을 먹지 않는 것은 아니다.

- 先約があっても招待を受けないわけにはいかない。
  선약이 있어도 초대를 받아들이지 않을 수 없다.

- 先約があるからといって招待を受けないわけではない。
  선약이 있다고 해서 초대를 받아들이지 않는 것은 아니다.

- 初級の文法でも難しくないわけではありません。
  초급 문법이라고 해도 어렵지 않은 것은 아닙니다.

- 笑っていますが、真剣じゃないわけではありません。
  웃고 있지만 진지하지 않은 것은 아닙니다.

- 時々会いますが特に親しい関係というわけではありません。
  가끔 만나긴 하지만 특별히 친한 관계는 아닙니다.

など(は)

~따위(는), ~같은 것(은)

싫어하는 것이나 얕보는 것을 말할 때 쓰는 표현이다. 특별한 감정 없이 '~등'이라는 뜻으로 사물을 열거할 때 쓰는 「など」도 있지만, 감정이 담겨 있는지는 문맥에서 판단할 수 있다.

명사 + **など(は)**

- 試験の点数などあまり気にしなくていいよ。
  시험 점수 따위 별로 신경 쓰지 않아도 돼.

- UFOなど信じていません。
  UFO 따위 믿지 않습니다.

- 私などは先生と比べることができません。
  저 같은 건 선생님과 비교할 수가 없습니다. [겸손]

- 嫌なことなど忘れてください。
  불쾌한 일 따위 잊어버려요.

- 自己紹介などはその人の個性がよく表れます。
  자기소개 같은 것은 그 사람의 개성이 잘 나타납니다.

- 何に使うか分からない税金など払いたくありません。
  무엇에 쓰는지 알 수 없는 세금 따위 내고 싶지 않습니다.

> 함께 알아 두기

～など VS ～なんか VS ～なんて

「～など」와 비슷한 표현으로「～なんか ~따위」,「～なんて ~따위」가 있는데 둘 다 회화에서 많이 사용하며 주로 허물없는 사이에서 쓴다.

- 子どものころの夢など大人になればみんな忘れてしまう。
  어릴 때 꿈 따위 어른이 되면 다 잊어버린다.

- 時間など気にしていたらこの仕事はできません。
  시간 따위 신경 쓰고 있으면 이 일은 할 수 없습니다.

- 来週は試験なのにテレビなんか見ていていいの？
  다음 주는 시험인데 텔레비전 따위 보고 있어도 되니?

- 私が言うことなんか誰も聞いてくれない。
  내가 말하는 것 따위는 아무도 들어 주지 않아.

- 兄ちゃんなんて大嫌い。
  오빠(형) 따위 정말 싫어.

- 納豆なんて最近の若い人はあまり食べません。
  낫토 같은 것은 요즘 젊은 사람은 별로 먹지 않아요.

なんて

~라니, ~하다니

예상하지 않았던 사실을 알게 되어 놀라거나 감동했을 때 쓰는 표현이다. 064에서 다룬 「〜なんて」와는 다른 표현이니 주의하자. 유사한 표현으로 「〜とは ~라니」가 있는데, N1 레벨의 문형이니 참고만 해 두자.

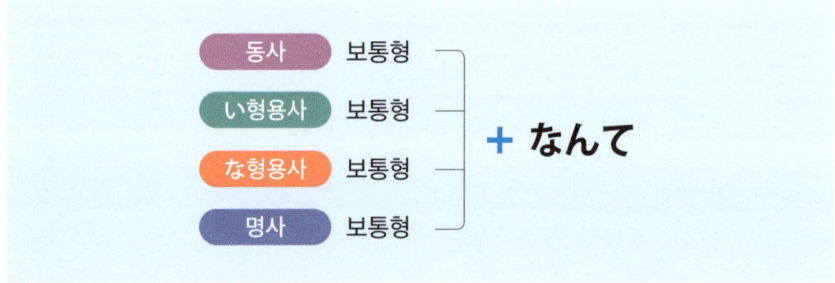

- 田中さんが試験に落ちたなんて、信じられない。(=落ちたとは)
  다나카 씨가 시험에 떨어졌다니 믿기지 않는다.

- 1時間待っても来ないなんてひどくないですか。(=来ないとは)
  한 시간 기다려도 안 온다니 너무하지 않아요?

- 新幹線がそんなに高いなんて知りませんでした。(=高いとは)
  신칸센이 그렇게 비싸다니 몰랐습니다.

- 中村さんと小学校が同じだったなんて、不思議ですね。(=同じだったとは)
  나카무라 씨와 초등학교가 같았다니 신기하네요.

- 課長が40歳だなんて、まだ20代にしか見えません。(=40歳とは)
  과장님이 마흔 살이라니 아직 20대로밖에 보이지 않습니다.

함께 알아 두기

～なんて vs ～とは

「～なんて」에 비해 「～とは ~라니」는 문장에서 많이 쓰는 표현이다.

- 9月になっても気温が30度を超すなんて今年は変ですね。
  9월이 되어도 기온이 30도를 넘다니 올해는 이상하네요.

- 二人がそんなに親しかったなんて知りませんでした。
  두 사람이 그렇게 친했다니 몰랐습니다.

- 町の人がこんなに親切だなんて感動しました。
  마을 사람들이 이렇게 친절하다니 감동했습니다.

- 沖縄はここが日本だなんて信じられないくらい海がきれいだ。
  오키나와는 여기가 일본이라니 믿을 수 없을 정도로 바다가 아름답다.

- こんな大きなビルに非常口がないとは安全に対する感覚を疑う。
  이런 큰 빌딩에 비상구가 없다니 안전에 대한 감각이 의심스럽다.

- 空に星が一つも見えないとは都会に住む人はかわいそうです。
  하늘에 별이 하나도 보이지 않다니 도시에 사는 사람은 불쌍합니다. (안됐습니다.)

- 私を置いて一人で行くとはひどすぎるのではないでしょうか。
  저를 두고 혼자 가다니 너무하지 않습니까?

- パンが一つ600円とは物価が高すぎる。
  빵이 한 개에 600엔이라니 물가가 너무 비싸다.

において

~에서, ~에 있어서

어떤 행동이 이루어지는 장소, 시간적 범위, 추상적인 내용 등을 나타내는 표현으로, 문장에서 많이 쓴다. 회화에서 사용할 때는 「〜において」 대신 「で ~에서」, 「に ~에」, 「でも ~에서도」와 같은 일반적인 조사를 사용한다.

명사 ＋ において

- 入学式は本校の体育館において開かれます。
  입학식은 본교 체육관에서 열립니다.

- 夜6時から東京ホテルにおいて新年会を行います。
  저녁 6시부터 도쿄호텔에서 신년회를 실시합니다.

- 20世紀においては「豊かになる」ことが共通の目標だった。
  20세기에 있어서는 '풍요로워지는' 것이 공통의 목표였다.

- 過去の時代においては個人の権利が制限されていました。
  과거의 시대에 있어서는 개인의 권리가 제한되어 있었습니다.

- 建物の大きさにおいてもこの寺が日本で一番だ。
  건물의 크기에 있어서도 이 절이 일본에서 으뜸이다.

- 機能においてもデザインにおいてもこれより優れた製品はない。
  기능에 있어서도 디자인에 있어서도 이것보다 뛰어난 제품은 없다.

함께 알아 두기

뒤에 명사가 올 때는「～における + 명사」의 형태가 된다.「～における」는 '~(에서)의' 라는 의미로, 동작·작용이 이루어지는 곳이나 때를 나타낸다. 회화에서는 조사「～の ~의」를 쓴다.

- 今度の事件は家庭における教育の問題を考えるきっかけになった。
  이번 사건은 가정에서의 교육 문제를 생각하는 계기가 되었다.

- 職業によっては男女における地位の差がほとんどないものもある。
  직업에 따라서는 남녀에 있어서의 지위 차이가 거의 없는 것도 있다.

- 今日は「小学校における外国語教育」について話し合った。
  오늘은 '초등학교에서의 외국어 교육'에 대해 논의했다.

- 災害現場における行動は「1秒でも早く」が重要です。
  재해 현장에서의 행동은 '1초라도 빨리'가 중요합니다.

- 年末年始における交通規制が今日発表された。
  연말연시의 교통 규제가 오늘 발표되었다.

- 人生における成功や失敗は他の人が評価することではない。
  인생에서의 성공이나 실패는 다른 사람이 평가할 일이 아니다.

- 2030年におけるエネルギー問題が深刻になっている。
  2030년의 에너지 문제가 심각해지고 있다.

にかかわりなく

~에 상관없이

'~와 관계없이, 그 차이에 상관없이'라는 의미로, 동사와 형용사의 대립되는 말을 서술하여 '어느 쪽이든 관계없다'는 것을 나타낼 때 사용한다.

| 동사 | 기본형, 기본형(대립의 내용) |
| い형용사 | 기본형, 기본형(대립의 내용) | **+ にかかわりなく**
| 명사 | |

- サービスを利用する、しないにかかわりなく入場料は払わなくてはならない。 서비스를 이용할지 안 할지에 상관없이 입장료는 내야 한다.

- 契約をするかどうかにかかわりなく問合せすれば記念品がもらえる。
  계약을 할지 어떨지에 상관없이 문의하면 기념품을 받을 수 있다.

- ここにある靴はサイズの大きい、小さいにかかわりなく同じ値段です。 여기 있는 신발은 사이즈의 크고 작음에 상관없이 같은 가격입니다.

- スポーツは強い、弱いにかかわりなく誰でも参加できることに意義がある。
  스포츠는 강하고 약함에 상관없이 누구나 참가할 수 있는 것에 의의가 있다.

- このゲームは子どもから大人まで年齢にかかわりなく楽しめます。
  이 게임은 어린이부터 어른까지 나이에 상관없이 즐길 수 있습니다.

함께 알아 두기

~にかかわりなく vs ~にかかわらず vs ~関係（かんけい）なく

유사 표현인「~にかかわらず ~에 상관없이」는 문장체 표현이고,「~関係（かんけい）なく ~에 관계없이」는 회화체 표현이다.

- 参加（さんか）するしないにかかわりなくアンケートは出（だ）してください。
  참가하고 안 하고에 상관없이 설문 조사는 제출해 주세요.

- 性別（せいべつ）にかかわりなく誰（だれ）でも楽（たの）しめるファッションを考（かんが）えている。
  성별에 상관없이 누구나 즐길 수 있는 패션을 생각하고 있다.

- このごろ野菜（やさい）や果物（くだもの）は季節（きせつ）にかかわりなくいつでも食（た）べられます。
  요즘 야채나 과일은 계절에 상관없이 언제든지 먹을 수 있습니다.

- 外（そと）の気温（きおん）が高（たか）い、低（ひく）いにかかわらず部屋（へや）の温度（おんど）はいつも18度（ど）です。
  바깥의 기온이 높든 낮든 상관없이 방의 온도는 항상 18도입니다.

- 自由席（じゆうせき）なので席（せき）の位置（いち）にかかわらず料金（りょうきん）は同（おな）じです。
  자유석이라서 자리 위치와 상관없이 요금은 같습니다.

- 年齢（ねんれい）の上下（じょうげ）にかかわらず丁寧（ていねい）な言葉（ことば）で話（はな）せばお互（たが）い気分（きぶん）がいい。
  나이의 위아래와 상관없이 정중한 말투로 이야기하면 서로 기분이 좋다.

- 料理（りょうり）が上手（じょうず）な人（ひと）は材料（ざいりょう）に関係（かんけい）なく何（なん）でもおいしく作（つく）れます。
  요리를 잘하는 사람은 재료에 관계없이 무엇이든지 맛있게 만들 수 있습니다.

- ここでは経験（けいけん）のあるなしに関係（かんけい）なくみんな同（おな）じ給与（きゅうよ）でスタートします。
  여기서는 경험이 있고 없고에 관계없이 모두 같은 급여로 시작합니다.

- この病院（びょういん）は敵味方（てきみかた）関係（かんけい）なく誰（だれ）でも治療（ちりょう）が受（う）けられる。
  이 병원은 적군 아군 관계없이 누구나 치료를 받을 수 있다.

にかぎる

~(하)는 것이 제일이다, ~(하)는 것 이상은 없다

'어떤 것이 제일'이라고 주장할 때 사용하는 표현이다.

- ストレスを解消するには大きな声で歌うに限る。
  스트레스를 해소하기 위해서는 큰 소리로 노래를 부르는 것이 제일 좋다.

- お金がない時は外に出ないに限る。
  돈이 없을 때는 밖에 나가지 않는 게 제일이다.

- アパートは駅から近いに限る。
  아파트는 역에서 가까운 것이 최고이다.

- お年寄りが使うケータイは簡単なのに限ります。
  어르신이 쓰는 휴대폰은 간단한 것이 제일 좋습니다.

- 冬はやはり温泉に限ります。
  겨울은 역시 온천이 최고입니다.

> **함께 알아 두기**

- 「〜にかぎる」는 말하는 사람의 주관적 판단이 반영된 것이다. 따라서 객관적인 판단이 포함되는 표현에는 쓰지 않는다.

  ✗ この病気の治療は薬に限る。
  이 병의 치료는 약이 최고이다.

- 「〜にかぎる」는 '~에 한정되다'라는 뜻도 있으니 문맥에 맞게 해석해야 한다.

・この仕事は18歳以上の人に限る。
이 일은 18세 이상의 사람에 한정된다.

・この法律の適用は10人以上の職場に限ります。
이 법률의 적용은 10인 이상의 직장에 한정됩니다.

・検査が無料になるのは65歳以上に限ります。
검사가 무료가 되는 것은 65세 이상에 한정됩니다.

・夏の間、営業は月・木・金に限っています。
여름 동안 영업은 월・목・금에 한정하고 있습니다.

・ここに出入りできるのは会員と会員の家族に限る。
여기에 출입할 수 있는 것은 회원과 회원의 가족에 한한다.

にかけては

~에 있어서는, ~에 관해서는, ~만큼은

어떤 기술이나 능력에 대해 '다른 건 몰라도 이것만큼은 누구보다 뛰어나다'라고 표현할 때 사용한다.

명사 + にかけては

- 老人の演技にかけてはあの俳優ほどうまい俳優はいない。
  노인 연기에 있어서는 그(저) 배우만큼 잘하는 배우는 없다.

- 3人兄弟の中で勉強にかけては上の兄が一番よくできる。
  삼 형제 중에 공부에 있어서는 큰형이 가장 잘한다.

- 外国語の教え方にかけてはあの先生が一番だ。
  외국어를 가르치는 방법에 관해서는 저 선생님이 제일이다.

- 小さい会社だが品質の良さにかけてはどこにも負けない。
  작은 회사이지만 품질의 우수함만큼은 어디에도 지지 않는다.

- 新しく開発された車は走っているときの静かさにかけては最高の評価を受けた。
  새로 개발된 차는 달릴 때의 조용함에 관해서는 최고의 평가를 받았다.

> 함께 알아 두기

~から ~にかけて

뜻은 전혀 다르지만 「かけて 걸쳐서」가 들어간 또 다른 표현도 함께 익혀 두자. 「~から ~にかけて ~부터 ~에 걸쳐서」는 시간이나 장소의 범위를 나타내는 표현이다.
(012 「から ~にかけて」 참고)

- 今日は昼から夜にかけて強い雨が降るでしょう。
  오늘은 낮부터 밤에 걸쳐 강한 비가 내리겠습니다.

- 1月から2月にかけてこの山には美しい雪の花が咲く。
  1월부터 2월에 걸쳐 이 산에는 아름다운 눈꽃이 핀다.

- 18世紀から19世紀にかけて産業革命が起こった。
  18세기부터 19세기에 걸쳐 산업 혁명이 일어났다.

- 11月には山の上から川沿いの並木にかけて真っ赤になります。
  11월에는 산 위부터 강가 가로수에 걸쳐 새빨갛게 물듭니다.

- 東京から東北地方にかけて台風の影響が残るでしょう。
  도쿄에서 도후쿠 지방에 걸쳐 태풍의 영향이 남겠습니다.

- 桜は3月から5月にかけて日本の各地で咲きます。
  벚꽃은 3월부터 5월에 걸쳐 일본 각지에서 핍니다.

にきまっている

~는 것이 당연하다(틀림없다), 당연히 ~하다

말하는 사람이 '반드시(당연히) ~게 된다'라고 확신을 가지고 단언할 때 쓰는 표현이다.

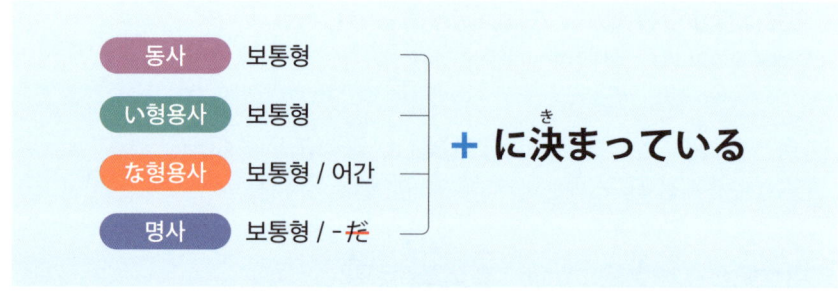

- 計画も立てないで急に始めたら失敗するに決まっている。
  계획도 세우지 않고 갑자기 시작하면 실패하는 것은 당연하다.

- 信号が赤のときに渡ったら危ないに決まっています。
  신호등이 빨간 불일 때 길을 건너면 당연히 위험합니다.

- こんな成績では国立大学なんて無理に決まっているじゃないですか。
  이런 성적으로는 국립대학 같은 건 당연히 무리가 아닐까요?

- 相手のチームは強いから今年も優勝に決まっている。
  상대 팀은 강하니까 올해도 우승이 틀림없다.

- あんなにがっかりしているのを見ると不合格だったに決まっている。
  저렇게 낙담하고 있는 것을 보니 불합격이었던 것이 틀림없다.

함께 알아 두기

〜に決まっている VS 〜に違いない

확신을 나타내는 표현 중에 「〜に違いない ~(임)에 틀림없다」가 있다. 「〜に決まっている」는 누가 어떤 주장을 한 것에 대해 그 주장을 부정하거나 자신의 확신을 강하게 말할 때 사용하며 주관적이고 회화적인 표현이다. 이에 비해 「〜に違いない」는 비교적 근거가 있는 객관적인 단정을 나타내는 문장체 표현이다. (076 「にちがいない」 참고)

- あんなのうそに決まっているでしょ。
  그런 거 당연히 거짓말이죠.

- 今から行っても間に合わないに決まってる。
  지금부터 가도 제시간에 못 갈 게 뻔하다.

- 相手はプロなんだから負けるに決まってますよ。
  상대는 프로이니까 (우리가) 지는 게 당연해요.

- 客が並んで待っているからおいしい店に違いない。
  손님이 줄을 서서 기다리고 있으니 맛집임에 틀림없다.
  (틀림없이 맛집일 것이다.)

- これだけ消費が活発になれば来年は景気が回復するに違いない。
  이만큼 소비가 활발해진다면 내년에는 경기가 회복될 것임에 틀림없다.
  (틀림없이 경기가 회복될 것이다.)

- 周りは森と湖だからこのホテルは静かに違いない。
  주변은 숲과 호수이기 때문에 이 호텔은 조용함에 틀림없다.
  (틀림없이 조용할 것이다.)

にくらべて

~에 비해서

두 가지 것을 서로 비교할 때 쓰며「〜より ~보다」로 바꾸어 쓸 수 있다. 「〜にくらべて」 앞에는 명사가 와야 하기 때문에 다른 품사의 경우는 '~것에(데에) 비해서'의 형태로 만들어 사용한다.

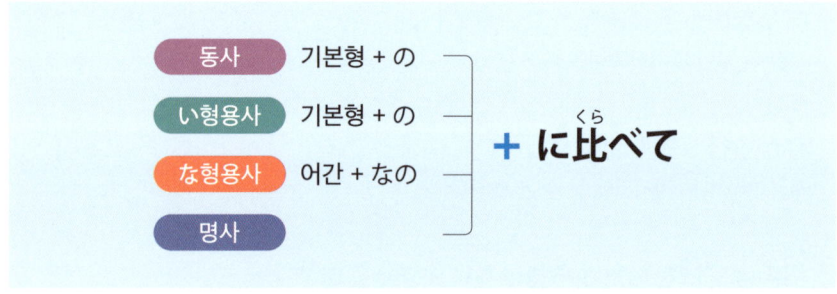

- バスで行くのに比べて電車で行くほうが速い。
  버스로 가는 것에 비해 전철로 가는 편이 더 빠르다.

- 日本語は発音が易しいのに比べて文法は複雑で難しい。
  일본어는 발음이 쉬운 데에 비해 문법은 복잡하고 어렵다.

- この美術館は建物が立派なのに比べて作品が少なくて残念だ。
  이 미술관은 건물이 훌륭한 것에 비해 작품이 적어서 아쉽다.

- 地下鉄や電車が複雑なのに比べてバスは分かりやすいです。
  지하철이나 전철이 복잡한 데 비해 버스는 알기 쉽습니다.

- 8月に比べて9月のほうが暑くなることもあります。
  8월에 비해 9월이 더 더울 때도 있습니다.

> **함께 알아 두기**

「～に比べて」 대신 「～より ~보다」로 바꾸어 쓴 예문을 살펴보자.

- 今度引越した家は前に比べて狭いがとても静かなところにあります。
  이번에 이사한 집은 전에 비해 좁지만 매우 조용한 곳에 있습니다.

- 今度引越した家は前より狭いがとても静かなところにあります。
  이번에 이사한 집은 전보다 좁지만 매우 조용한 곳에 있습니다.

- 新聞やテレビに比べてインターネットが便利だと思う人が多い。
  신문이나 TV에 비해 인터넷이 편리하다고 생각하는 사람이 많다.

- 新聞やテレビよりインターネットが便利だと思う人が多い。
  신문이나 TV보다 인터넷이 편리하다고 생각하는 사람이 많다.

- 人間が掃除するのに比べてロボットのほうがきれいだ。
  인간이 청소하는 것에 비해 로봇이 (하는 것이) 더 깨끗하다.

- 人間が掃除するのよりロボットのほうがきれいだ。
  인간이 청소하는 것보다 로봇이 (하는 것이) 더 깨끗하다.

にしたがって

~에 따라, ~함에 따라 (점차)

동사와 연결할 경우에는 '~이 진행됨에 따라'라는 뜻으로 사용되고, 명사와 연결할 경우에는 주로 '사람, 규칙, 지시 등에 따라'라는 뜻으로 사용된다. 형용사의 경우에는 '~해지다'의 의미인「〜くなる」,「〜になる」를 붙여 사용할 수 있다.

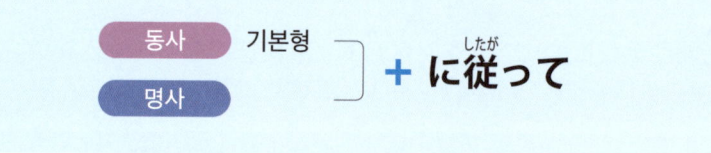

- 若い人の人口が減るに従って外国人留学生や労働者が増えている。
  젊은 사람의 인구가 감소됨에 따라 외국인 유학생이나 노동자가 늘고 있다.

- 暗くなるに従って気温も急に下がっていきました。
  날이 어두워짐에 따라 기온도 갑자기 내려갔습니다.

- 会社の計画に従って事業が進められました。
  회사의 계획에 따라 사업이 진행되었습니다.

- 学生たちは先生の指示に従って二列に並んだ。
  학생들은 선생님의 지시에 따라 두 줄로 줄을 섰다.

- 検査を受ける人は順番に従って部屋に入ってください。
  검사를 받는 사람은 순서에 따라 방으로 들어가세요.

> 함께 알아 두기

～に従って VS ～につれて

● '앞에 나온 일의 변화에 따라 뒤에 오는 일도 변화한다'는 의미에서 둘 다 비슷한 역할을 한다.

- 仕事に慣れるに従ってだんだん面白くなってきた。
  仕事に慣れるにつれてだんだん面白くなってきた。
  일에 익숙해짐에 따라(익숙해지면서) 점차 재미있어졌다.

- 時間がたつに従って重さが変化する。
  時間がたつにつれて重さが変化する。
  시간의 지남에 따라(지나면서) 무게가 변화한다.

- 年を取るに従って好みが変わる。
  年を取るにつれて好みが変わる。
  나이가 들어감에 따라(들면서) 취향이 바뀐다.

● 「～につれて」는 대부분 동사와 접속해서 사용하고, 명사는 「発展 발전」, 「進行 진행」, 「推移 추이」 등과 같이 일부만 제한적으로 사용되며, 뒤에는 사람의 의지가 포함된 내용은 오지 않는다.

- 町の発展につれて交通機関も便利になった。
  마을의 발전에 따라 교통 기관도 편리해졌다.
- 腐敗の進行につれて形態が崩れていく。
  부패의 진행에 따라 형태가 무너져 간다.
- 季節(の推移)につれて葉の色が変わる。
  계절(의 추이)에 따라 잎사귀의 색이 변한다.

✗ 計画につれて事業が進められました。
✗ 指示につれて二列に並んだ。

にしても ~にしても

~든 ~든, ~도 그렇고 ~도 그렇고

앞에 몇 가지 예를 들고, '그 어떤 경우라도 뒤에 오는 내용이 해당된다'는 것을 나타낼 때 사용한다.

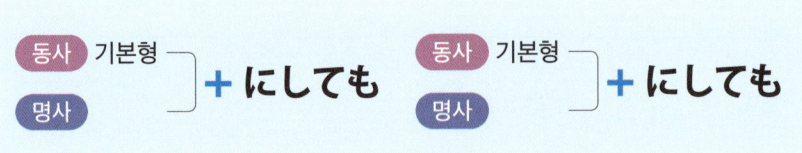

- コーヒーを飲むにしても食事をするにしても遅くなったから長くいられません。
  커피를 마시든 식사를 하든 시간이 늦어서 오래 있을 수 없어요.

- 私がするにしても他の人がするにしても1週間では無理です。
  제가 하든 다른 사람이 하든 일주일로는 무리입니다.

- 広場でするにしても店でするにしても今日は皆で一緒に試合を応援したい。
  광장에서 하든 가게에서 하든 오늘은 다 같이 시합을(경기를) 응원하고 싶다.

- 進学にしても就職にしても自分の進路は自分で決める。
  진학이든 취직이든 자신의 진로는 스스로 정한다.

- 今日にしても明日にしても今週は時間がない。
  오늘이든 내일이든 이번 주는 시간이 없다.

> 함께 알아 두기

~にしても vs ~にせよ vs ~にしろ

유사 표현 중에「~にせよ ~にせよ ~(이)든 ~(이)든」는 문장에서 많이 쓰며, 다소 예스러운 느낌이 드는 표현이다.「~にしろ ~にしろ ~(이)든 ~(이)든」는 회화에서 많이 쓰는 표현이며, 다소 거친 느낌이 있다.

- アメリカに行くにしても中国に行くにしてもまずお金が必要です。
  미국에 가든 중국에 가든 우선 돈이 필요합니다.

- 何をするにしてもはじめに計画を立てることが大事だ。
  무엇을 하든 우선 계획을 세우는 것이 중요하다.

- 外交にせよ経済にせよ今の政策を変えなければならない。
  외교든 경제든 지금의 정책을 바꿔야 한다.

- 文法にせよ単語にせよ外国語の基本は覚えることだ。
  문법이든 단어든 외국어의 기본은 외우는 것이다.

- 今週にしろ来週にしろ仕事が忙しくて他のことはできません。
  이번 주든 다음 주든 일이 바빠서 다른 것은 할 수 없습니다.

- 歌にしろ楽器にしろ音楽はまったくできません。
  노래든 악기든 음악은 전혀 못합니다.

074

にする

~로 하다

여러 선택지 중에서 자신의 의지로 하나를 고를 때 사용하는 표현이다. 동사와 형용사의 경우 '~것'이라는 의미의 「こと」, 「もの」를 붙여서 「〜ことにする ~것으로 하다, ~기로 하다」 또는 「〜ものにする ~것으로 하다」의 형태로 활용하면 된다.

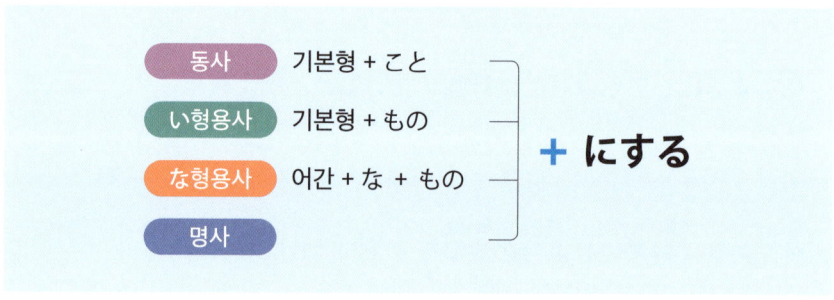

- 今日から毎日朝早く起きて運動することにした。
  오늘부터 매일 아침 일찍 일어나서 운동하기로 했다.

- クリスマス会は楽しいものにしたいですね。
  크리스마스 모임은 즐거운 것으로(즐겁게) 하고 싶네요.

- 結婚のプレゼントはきれいなものより長く使える丈夫なものにした。
  결혼 선물은 예쁜 것보다 오랫동안 쓸 수 있는 튼튼한 것으로 했다.

- 食事のあとはコーヒーにしましょう。
  식사 후에는 커피로 합시다.

- ホテルは3つの中から選べるので私はこれにした。
  호텔은 세 곳 중에서 고를 수 있어서 나는 이것으로 했다.

함께 알아 두기

～にする vs ～になる

「～になる ~게 되다」는 타인의 의지나 형편으로 어떤 일이 결정될 때 사용한다.

- 入学試験が近いからサークル活動はやめることにした。
  입학 시험이 가까워서 동아리 활동은 그만두기로 했다.

- 少し寒くなって服も暖かいものにしました。
  조금 추워져서 옷도 따뜻한 것으로 했습니다. (따뜻하게 입었습니다.)

- 結婚のプレゼントはもっとおしゃれなものにしようと思う。
  결혼 선물은 좀 더 멋진 것으로 하려고 한다.

- 窓のそばは暑いからあっちの席にしませんか。
  창문 옆은 더우니까 저쪽 자리로 하지 않을래요?

- 来週から中国に出張することになった。
  다음 주부터 중국에 출장 가게 되었다.

- この度、担当が変わることになりましたのでよろしくお願いします。
  이번에 담당자가 바뀌게 되었으니 잘 부탁드리겠습니다.

- 天気が悪くて試合は中止になった。
  날씨가 좋지 않아서 시합은 중지되었다.

- 明日は振替休日で休みになります。
  내일은 대체 휴일이라 쉬게 됩니다.

にたいして

~에 대해, ~에 비해

어떤 행동이나 감정이 향하는 대상을 가리키는 표현이다. 무엇과 비교할 때도 사용한다. 문맥에 따라 '~에, ~에게'로 해석해야 자연스러울 때도 있다. 동사와 형용사의 경우 「の」, 「なの」를 붙여서 「〜のにたいして」, 「〜なのにたいして」의 형태로 활용한다.

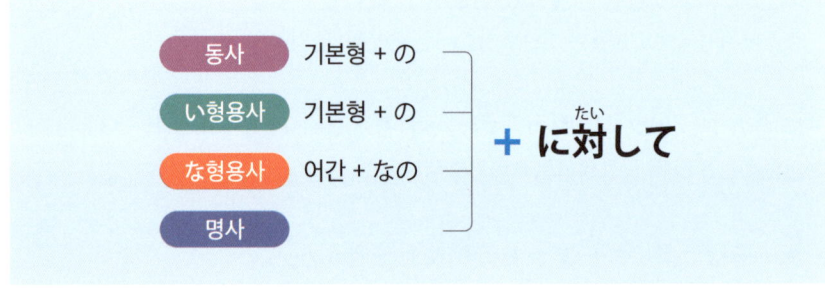

- 日曜の電車はゆっくり座れるのに対して、平日は座れない。
  일요일의 전철은 느긋하게 앉을 수 있는 데 비해 평일에는 앉을 수 없다. (자리가 없다.)

- 同じ作品でも映画はおもしろいのに対して小説はつまらなかった。
  같은 작품인데도 영화는 재미있는 데 비해 소설은 재미가 없었다.

- 姉はおしゃれなのに対して妹はファッションに全く関心がない。
  언니(누나)는 멋쟁이인 데 비해 여동생은 패션에 전혀 관심이 없다.

- 看護師は女性に対して男性の割合が少ない職業です。
  간호사는 여성에 비해 남성의 비율이 적은 직업입니다.

- 台風の時に老人を助けた学生の勇気に対して皆が感動した。
  태풍 때 노인을 구조한 학생의 용기에 대해 모두가 감동했다.

함께 알아 두기

～に対(たい)して vs ～について

「～に対(たい)して」가 누군가를 향할 때, 서로 비교하거나 반대의 내용을 대비시킬 때 사용하며, 「～について」는 주제나 내용에 대해 말할 때 사용한다.

- 若(わか)い課長(かちょう)の意見(いけん)に対(たい)して経験(けいけん)の豊(ゆた)かな部長(ぶちょう)が反対(はんたい)した。
  젊은 과장의 의견에 대해 경험이 풍부한(많은) 부장이 반대했다.

- 先日(せんじつ)は先輩(せんぱい)に対(たい)して失礼(しつれい)なことを言(い)ってすみませんでした。
  지난번에는 선배님께 실례되는 말을 해서 죄송했습니다.

- 弟(おとうと)は本(ほん)が好(す)きなのに対(たい)して 妹(いもうと)はダンスが大好(だいす)きです。
  남동생은 책을 좋아하는 데 비해 여동생은 춤을 매우 좋아합니다.

- 日本語(にほんご)の授業(じゅぎょう)で将来(しょうらい)の夢(ゆめ)について発表(はっぴょう)しました。
  일본어 수업 때 장래의 꿈에 대해 발표했습니다.

- おじいさんは子(こ)どものころの生活(せいかつ)について話(はな)してくれた。
  할아버지는 어렸을 때의 생활에 대해 이야기해 주셨다.

- 最近(さいきん)の気候変化(きこうへんか)についてどう思(おも)いますか。
  최근의 기후 변화에 대해 어떻게 생각하세요?

- 小学校(しょうがっこう)で学校(がっこう)のパソコンの使(つか)い方(かた)について説明(せつめい)があった。
  초등학교에서 학교 컴퓨터의 사용법에 대해 설명이 있었다.

にちがいない

~(임)에 틀림없다, 틀림없이 ~것이다

말하는 사람의 확신, 주관을 강하게 나타내는 추측 표현으로, 「たぶん ～だろう 아마 ~일 것이다」보다 확신의 정도가 강하다.

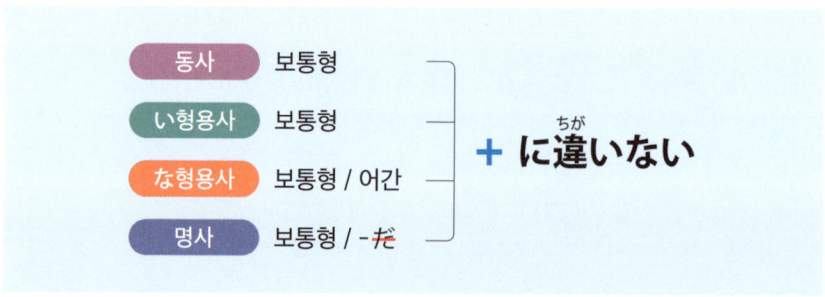

- 田中さんは小さい時から本が好きだったから今頃作家にでもなって**いるに違いない**。
  다나카 씨는 어릴 때부터 책을 좋아했으니 틀림없이 지금쯤 작가라도 되어 있을 것이다.

- 彼がまだチームにいたらあの試合は**勝ったに違いない**。
  그가 아직 팀에 있었다면 그 시합은 틀림없이 이겼을 것이다.

- そこは海が近いからきっと魚料理が**おいしいに違いありません**。
  거기는 바다가 가까워서 틀림없이 생선 요리가 맛있을 거예요.

- あの人は言葉が丁寧だから性格も**まじめに違いない**。
  저 사람은 말투가 정중하니까 성격도 틀림없이 성실할 것이다.

- この事件で一番得をするのは社長だから彼が**犯人に違いない**。
  이 사건으로 가장 득을 보는 것은 사장이니까 그가 범인임에 틀림없다.

> 함께 알아 두기

～に違(ちが)いない VS ～は間違(まちが)いない

「～は間違(まちが)いない ~은 틀림없다」는 보다 객관적인 판단이라는 느낌을 주는 표현이다.

● 아래 두 문장을 비교할 경우 ②가 더 신뢰감이 느껴진다.

① 彼(かれ)が犯人(はんにん)に違(ちが)いない。
그가 범인임에 틀림없다.

② 彼(かれ)が犯人(はんにん)であるのは間違(まちが)いない。
그가 범인인 것은 틀림없다.

● ②와 ④가 좀 더 확신의 강도가 높게 느껴진다.

① 電話(でんわ)に出(で)ないから今家(いまいえ)にいないに違(ちが)いない。
전화를 안 받으니까 지금 집에 없는 게 틀림없어.

② 電話(でんわ)に出(で)ないから今家(いまいえ)にいないのは間違(まちが)いない。
전화를 안 받으니까 지금 집에 없는 건 틀림없어.

③ 子(こ)どもたちはここで遊(あそ)んでいたに違(ちが)いない。
아이들은 틀림없이 여기서 놀고 있었을 것이다.

④ 子(こ)どもたちがここで遊(あそ)んでいたのは間違(まちが)いない。
아이들이 여기서 놀고 있었다는 것은 틀림없다.

にとって

~에게 있어서, ~에 있어서, ~에게, ~에

주로 사람을 나타내는 명사와 함께 써서 '그 사람의 입장에서 뒤에 오는 내용이 어떤 의미가 있는지 설명하는 표현이다. 사람 외에도 「社会 사회, 学校 학교, 会社 회사, 地球 지구, 発展 발전, 科学 과학」 등과 같은 단어와도 쓸 수 있다.

명사 + にとって

- 子どもにとって本を読むことはご飯を食べるのと同じくらい大切だ。
  아이에게 있어서 책을 읽는 것은 밥을 먹는 것만큼이나 중요하다.

- 新しいエネルギーの研究は人間の未来にとって必ず必要なことです。
  새로운 에너지의 연구는 인간의 미래에 있어서 꼭 필요한 것입니다.

- 自分の間違いを認めることは誰にとっても簡単なことではない。
  자신의 잘못을 인정하는 것은 누구에게나 쉬운 일은 아니다.

- 私にとって父は教師のような存在でした。
  저에게 있어서 아버지는 교사와 같은 존재였습니다.

- 人間にとって自然はすべての生物とともに生きる場所です。
  인간에게 있어서 자연은 모든 생물과 함께 살아가는 장소입니다.

- 犬にとっては目より鼻のほうが重要な役割をします。
  개에게 있어서는 눈보다 코가 더 중요한 역할을 합니다.

> 함께 알아 두기

~にとって vs ~において

「~において ~에 있어서, ~에서, ~에」는 장소나 분야, 시간적 범위 등을 나타내며 「~にとって」와 달리 사람이 대상이 되지 않는다. (066 「において」참고)

- 虫にとって鳥はいつおそってくるか分からない怖いものです。
  벌레에게 새는 언제 습격해 올지 알 수 없는 무서운 것(존재)입니다.

- 現代人にとって携帯電話はなくてはならない道具です。
  현대인에게 휴대 전화는 없어서는 안 되는 도구입니다.

- 毎日電車で通勤する会社員にとって朝座れるかどうかは重要です。
  매일 전철로 출퇴근하는 회사원에게 아침에 앉을 수 있는지 어떤지는 중요합니다.

- 卒業式は学校の大講堂において行われた。
  졸업식은 학교 대강당에서 거행되었다.

- 日本においても韓国の食文化が関心を集めている。
  일본에서도 한국의 음식 문화가 관심을 모으고 있다.

- ドローン分野においての技術の発展が注目されています。
  드론 분야에서의 기술 발전이 주목받고 있습니다.

- 21世紀において大きな問題になるのは人口の変化でしょう。
  21세기에 큰 문제가 되는 것은 인구의 변화일 것입니다.

にはんして

~와는 반대로, ~와는 달리

예상·기대·의도 등이 현실과 달랐을 때, 또는 규칙·약속·명령 등에 위반되거나 어긋났을 때는 쓰는 표현이다. 앞에 나온 내용 전체와 다를 경우 「これに反して 이에 반해」, 「それに反して 그에 반해」라고 표현하기도 한다.

명사 + に反して

- 周りの予想に反して彼は大学に合格した。
 주위의 예상과 달리 그는 대학에 합격했다.

- 有名な店で高い料理を食べたが、期待に反して味は普通だった。
 유명한 가게에서 비싼 요리를 먹었지만 기대와는 달리 맛은 보통이었다.

- 最近1週間ドルが上がったが、それに反して円は下がり続けている。
 최근 1주일간 달러가 올랐는데 그에 반해서 엔화는 계속 떨어지고 있다.

- 学校の規則に反して昼休みに外に行ったために先生に叱られた。
 학교의 규칙을 어기고 점심시간에 밖으로 나갔기 때문에 선생님께 혼났다.

- 彼は二度と遅刻しないという約束に反して30分も遅れて来た。
 그는 다시는 지각하지 않겠다는 약속을 어기고 30분이나 늦게 왔다.

함께 알아 두기

～に反して VS ～と違って VS ～と反対に

회화에서 사용하는 표현으로 「～と(は)違って ~와(는) 달리」, 「～と(は)反対に ~와(는) 반대로」가 있다.

- 法律に反してゴミを山に捨てた会社がニュースに出た。
  법률에 위반해서(법을 어기고) 쓰레기를 산에 버린 회사가 뉴스에 나왔다.

- 本社勤務という希望に反して地方勤務を命じられた。
  본사 근무라는 희망과 달리 지방 근무를 발령받았다.

- 彼は私と違って優しい。
  그는 나와 달리 상냥하다.

- 大都市と違って田舎には電車がなくて不便だった。
  대도시와 달리 시골에는 전철이 없어서 불편했다.

- 予想と反対にコンサートは海外のファンが大勢集まった。
  예상과 반대로 콘서트에는 해외 팬이 대거 몰렸다.

- 来る時と反対に行く時のバスは楽に座ることができた。
  올 때와 반대로 갈 때의 버스는 편안하게 앉을 수 있었다.

079

にわたって
~에 걸쳐(서)

시간적, 공간적인 범위를 나타내는 표현으로, 일정한 범위 내에서 계속되었다는 의미가 포함된다.「〜にわたる + 명사 ~에 걸친」,「〜にわたった + 명사 ~에 걸친」와 같은 형태로도 쓰며, 문장이나 뉴스 등에서는「〜にわたり ~에 걸쳐」라는 형태로 쓰기도 한다.

명사 + にわたって

- 土地の改良工事は市内全域にわたって続けられた。
  토지 개량 공사는 시내 전역에 걸쳐 계속되었다.

- この番組は5回にわたって世界の観光地を紹介しました。
  이 프로그램은 5회에 걸쳐 세계의 관광지를 소개했습니다.

- 5日間にわたった桜祭りも今日が最後の日になりました。
  5일간에 걸친 벚꽃 축제도 오늘이 마지막 날이 되었습니다.

- 全国にわたった人口調査がようやく終了した。
  전국에 걸친 인구 조사가 드디어 종료되었다.

- 5時間にわたる話し合いの結果、お互いに満足できる結果になった。
  다섯 시간에 걸친 협의 결과, 서로 만족할 수 있는 결과가 되었다.

- あの人の家は3代にわたり、そば屋を続けています。
  저(그) 사람 집안은 3대에 걸쳐 국숫집을 이어 오고 있습니다.

> **함께 알아 두기**

(〜から) 〜にわたって vs 〜から 〜にかけて

「〜にわたって」와 「〜から 〜にかけて」는 모두 범위를 나타내는 표현인데, 어떤 차이가 있는지 예문을 통해 살펴보자.

● (〜から) 〜にわたって : (~부터) ~에 걸쳐서 (일정 기간·공간의 범위를 통틀어)

- 2日間にわたって雪が降るでしょう。
  이틀에 걸쳐 눈이 오겠습니다.

- 工事のため東京全域にわたって混雑がひどくなっています。
  공사 때문에 도쿄 전역에 걸쳐 혼잡이 심해지고 있습니다.

- 長野県一帯にわたって大規模な捜索活動が行われた。
  나가노현 전역에 걸쳐 대규모 수색 활동이 벌어졌다.

● 〜から 〜にかけて : ~부터 ~에 걸쳐서, ~사이에 (두 개의 시점·기점 사이에)

- 今日の夜から明日の朝にかけて雪が降るでしょう。
  오늘 밤부터 내일 아침 사이에 눈이 오겠습니다.

- 工事のため東京から横浜にかけて混雑がひどくなっています。
  공사 때문에 도쿄에서 요코하마 사이에서 혼잡이 심해지고 있습니다.

- 長野県の東部から北部の山間部にかけて大規模な捜索活動が行われた。 나가노현 동부에서 북부 산간부에 걸쳐 대규모 수색 활동이 벌어졌다.

のに

~인데, ~였는데 [대비]

앞뒤의 내용을 대비시킬 때 사용하는 표현이다.

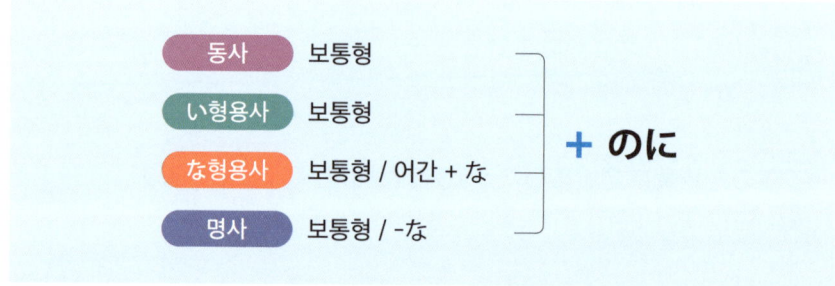

- 子どもは無料で入れるのに大人は500円払って入ります。
  아이는 무료로 들어갈 수 있는데 어른은 500엔 내고 들어갑니다.

- 昨日はバスで1時間かかったのに今日は自転車で30分で着いた。
  어제는 버스로 1시간 걸렸는데 오늘은 자전거로 30분만에 도착했다.

- この病院は内科の先生は優しいのに外科の先生はとても怖い。
  이 병원은 내과 선생님은 상냥한데 외과 선생님은 무척 무섭다.

- 隣の部屋は静かなのに2階の部屋はうるさいですね。
  옆방(집)은 조용한데 2층 방(집)은 시끄럽네요.

- 行きは飛行機なのに帰りは新幹線だ。
  갈 때는 비행기였는데 올 때는 신칸센이다.

함께 알아 두기

「〜のに」는 '~인데, ~임에도 불구하고'라는 역접의 의미와 동사의 기본형에 접속하여 '~하는 것에, ~하는 데(에), ~하려면, ~하기 위해' 등의 용도·목적의 의미를 나타낼 수도 있다.

● 역접

- だからダメだと言ったのに、後悔しても遅いですよ。
  그러니까 안 된다고 했는데, 후회해도 늦었어요.

- こんなに暑いのにコートを着ても大丈夫ですか。
  이렇게 더운데 코트를 입어도 괜찮아요?

- 天気予報は雨なのに傘を持ってこなかった。
  일기 예보는 비였는데 우산을 가져오지 않았다.

- 彼は歌が好きなのに他の人の前では歌わない。
  그는 노래를 좋아하는데 다른 사람 앞에서는 부르지 않는다.

● 용도·목적

- このボタンは録音するのに使います。
  이 버튼은 녹음하는 데 사용합니다.

- カードを作るのに手数料がかかります。
  카드를 만드는 데 수수료가 듭니다.

- その国に行くのにはビザが必要だ。
  그 나라에 가려면 비자가 필요하다.

- この靴は散歩をするのに買いました。
  이 신발은 산책을 하기 위해 샀습니다.

확인 문제　JLPT 문법_ 문법형식 판단 유형

다음 문장의 (　)에 넣기에 가장 적당한 것을 1·2·3·4에서 하나 고르세요.

1　人のうわさ(　　)気にしてはいけません。

　　1　など　　　2　ほど　　　3　さえ　　　4　こそ

2　雨が降っている(　　)外には傘をさす人が歩いている。

　　1　ことから　2　ときには　3　なかでも　4　とみえて

3　お客さんが来るというから部屋を掃除(　　)。

　　1　してはいけない　　　　2　したことがない
　　3　しないわけにはいかない　4　しないことはない

4　ゴルフが好きだからといって上手だ(　　)。

　　1　といっていい　　　　2　とは限らない
　　3　に違いない　　　　　4　かもしれない

5　こんなに天気がいいのに午後から大雨が(　　)信じられません。

　　1　降るかとは　　　　　2　降るなんて
　　3　降ったとは　　　　　4　降ったなんて

어휘

うわさ 소문　気にする 신경 쓰다　傘をさす 우산을 쓰다　掃除 청소　ゴルフ 골프
大雨 큰비, 호우　信じられない 믿을 수 없다

6 キノコの研究(　　)山田博士がもっとも有名だ。

1 にかわっては　　2 にしたがっては
3 にしては　　　　4 においては

7 男女、年齢に(　　)ここでは皆、同じ教科書で勉強します。

1 ついては　　　　2 かかわりなく
3 よっても　　　　4 はんして

8 汗をかいて運動した後は、熱いシャワーを浴びる(　　)。

1 にかぎる　2 にきめる　3 ところだ　4 つづける

9 ロボットの技術に(　　)日本は世界レベルだ。

1 わたっては　　　2 かかわっては
3 かけては　　　　4 あたっては

10 こんなに食べたらお腹が痛くなるに(　　)。

1 なっている　　　2 決まっている
3 従っている　　　4 よっている

キノコ 버섯　研究 연구　博士 박사　もっとも 가장　年齢 연령, 나이　教科書 교과서, 교재
汗をかく 땀을 흘리다　シャワーを浴びる 샤워를 하다　技術 기술　レベル 레벨, 수준

확인 문제 — JLPT 문법_ 문장 만들기 유형

다음 문장의 ___★___ 에 들어가기에 가장 적당한 것을 1·2·3·4에서 하나 고르세요.

1. 商店街が ____ ____ ★ ____ 静かです。
   1 公園は　　2 にぎやかな　　3 比べて　　4 のに

2. 犬に ____ ____ ★ ____ の7年ぐらいだと言われます。
   1 1年は　　2 の　　3 人間　　4 とって

3. このまま続けるにして ____ ____ ★ ____ 今は時期が悪い。
   1 やめる　　2 も　　3 しても　　4 に

4. 卒業式を ____ ____ ★ ____ 多くありません。
   1 あまり　　2 にする　　3 3月　　4 国は

5. ここには ____ ____ ★ ____ ことが書いてあります。
   1 注意する　　2 に対して　　3 台風　　4 地震や

어휘

商店街 상점가　言われる 일컬어지다, 말을 듣다　続ける 계속하다　やめる 그만두다
時期 시기　卒業式 졸업식　台風 태풍　地震 지진

6 今の季節はどこでもカニ ____ ____ ★ ____ 。
　　1 に　　　2 違いない　　3 が　　　4 おいしい

7 事故は ____ ____ ★ ____ 起きることがある。
　　1 従って　　2 に　　　3 いても　　4 交通ルール

8 日本のチーム ____ ____ ★ ____ 優勝することができなかった。
　　1 反して　　2 に　　　3 は　　　4 期待

9 地震は ____ ____ ★ ____ 被害を与える。
　　1 大きな　　2 広い　　3 わたって　　4 地域に

10 スポーツは ____ ____ ★ ____ 苦手だ。
　　1 のに　　　2 だけは　　3 マラソン　　4 好きな

季節 계절　カニ 게　交通ルール 교통 규칙　チーム 팀　優勝 우승　被害 피해
与える 주다, (해를) 입히다　マラソン 마라톤

はずだ

~일 것이다

사실로 확인되지는 않았지만, 강한 확신을 가지고 '그럴 것이다, 그렇게 될 것이다'라고 추측할 때 쓰는 표현이다.

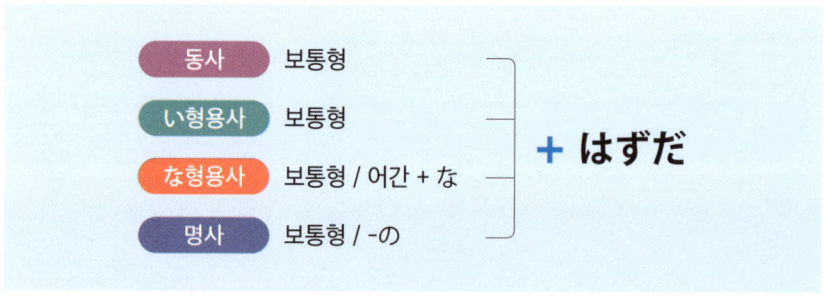

- 手紙は昨日出したから遅くても明後日には着くはずです。
  편지는 어제 보냈으니까 늦어도 모레에는 도착할 겁니다.

- 田中さんは去年20歳になったはずだ。
  다나카 씨는 작년에 스무 살이 됐을 것이다.

- それは5分前に焼いたパンだからまだ温かいはずです。
  그것은 5분 전에 구운 빵이라서 아직 따뜻할 거예요.

- 彼は数学が得意なはずなのに今度のテストではよくできなかったと言った。
  그는 수학을 잘할 텐데 이번 시험에서는 잘 못 풀었다고 했다.

- 彼は明日から休みのはずだ。
  그는 내일부터 휴가일 것이다.

> 함께 알아 두기

～はずがない VS ～ないはずだ

「はず」가 들어간 부정 표현은 두 가지이다. 형태는 비슷하지만 뉘앙스에 차이가 있다. 「～はずがない ~일 리가 없다」는 '있을 수 없다, 가능성이 거의 없다'라는 의미의 강한 부정을 나타내는 표현이다. 이에 비해 「～ないはずだ ~이 아닐 것이다, ~지 않을 것이다」는 「～はずがない」에 비해 부정의 정도가 다소 약하다.

- 彼は日本人のはずがない。
  그는 일본인일 리가 없다. (예: 여권을 본 적이 있다… 등)

- 彼は日本人ではないはずだ。
  그는 일본인이 아닐 것이다. (예: 말투나 분위기를 보면… 등)

- あの家はみんな動物が嫌いだからネコがいるはずがない。
  그 집은 모두 동물을 싫어하기 때문에 고양이가 있을 리가 없다.

- あの家はみんな動物が嫌いだからネコはいないはずだ。
  그 집은 모두 동물을 싫어하기 때문에 고양이는 없을 것이다.

- そこは子ども用のプールでそんなに深いはずがありません。
  거기는 어린이용 수영장으로 그렇게 깊을 리가 없습니다.

- そこは子ども用のプールでそんなに深くないはずです。
  거기는 어린이용 수영장으로 그렇게 깊지 않을 거예요.

- ここに来るまでの道は険しいからそんなに楽だったはずがありません。
  이곳에 오기까지의 길은 험하기 때문에 그렇게 편했을 리가 없습니다.

- ここに来るまでの道は険しいからそんなに楽ではなかったはずです。
  이곳에 오기까지의 길은 험하기 때문에 그렇게 편하지 않았을 거예요.

ばかりでなく

~뿐만 아니라

앞에 나온 내용 외에도 여러 가지 있다는 것을 나타내는 표현이다. 「ばかり」가 약간 딱딱한 느낌이 있어 「だけ」로 바꿔서 「〜だけでなく」를 사용하기도 한다.

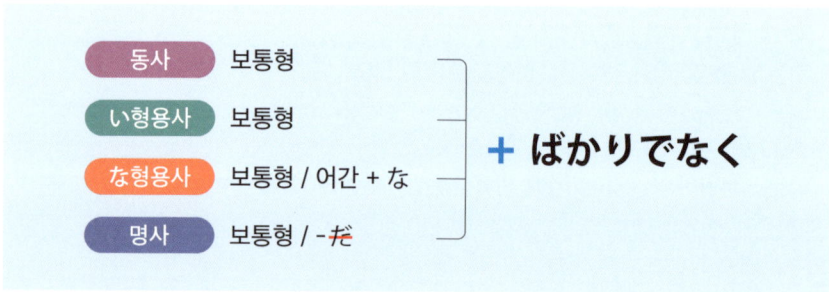

- あの人は家を買うために昼間働くばかりでなく夜もアルバイトをしている。
  저(그) 사람은 집을 사기 위해 낮에 일할 뿐만 아니라 밤에도 아르바이트를 하고 있다.

- タバコは体に悪いばかりでなく環境にも影響を与える。
  담배는 몸에 나쁠 뿐만 아니라 환경에도 영향을 미친다.

- ホテルの人は親切なばかりでなくどんな質問にもすぐ答えてくれた。
  호텔 직원은 친절할 뿐만 아니라 어떠한 질문에도 바로 답해 주었다.

- その家は建物が立派だったばかりでなく庭園も素晴らしかった。
  그 집은 건물이 훌륭했을 뿐만 아니라 정원도 훌륭했다.

- 今度の映画は子どもばかりでなく大人でも楽しめる内容だった。
  이번 영화는 어린이뿐만 아니라 어른이라도 즐길 수 있는 내용이었다.

함께 알아 두기

명사 + であるばかりでなく、명사 + でもある

'~일 뿐만 아니라 ~이기도 하다'라는 뜻의 문형이다.

- 彼は学校では厳しい教師であるばかりでなく家では優しい父親でもある。 그는 학교에서는 엄격한 교사일 뿐만 아니라 집에서는 자상한 아버지이기도 하다.

- ノーベル賞の受賞は個人の喜びであるばかりでなく国全体の喜びでもある。 노벨상 수상은 개인의 기쁨일 뿐만 아니라 나라 전체의 기쁨이기도 하다.

- 「いじめ」は一つの学校の問題であるばかりでなく社会全体の問題でもある。 '왕따'는 한 학교의 문제뿐만 아니라 사회 전체의 문제이기도 하다.

- この映画は今年一番の人気映画であるばかりでなく海外で受賞した作品でもある。 이 영화는 올해 가장 인기 있는 영화일 뿐만 아니라 해외에서 수상한 작품이기도 하다.

- 全国優勝は大きな目標であるばかりでなく応援してくれる人々への約束でもあった。 전국 우승은 큰 목표일 뿐만 아니라 응원해 주는 사람들에 대한 약속이기도 했다.

- もともと学校は勉強する場所だったばかりでなく住民が集まる広場でもあった。 원래 학교는 공부하는 장소였을 뿐만 아니라 주민들이 모이는 광장이기도 했다.

ば ～ほど

~(하)면 ~(할)수록

어떤 행동이나 상황이 변화함에 따라 다른 행동이나 상황도 변화할 때 쓰는 표현이다. 변화하는 방향은 긍정 → 긍정, 부정 → 부정뿐만 아니라 긍정 → 부정, 부정 → 긍정으로 변화할 수도 있다.

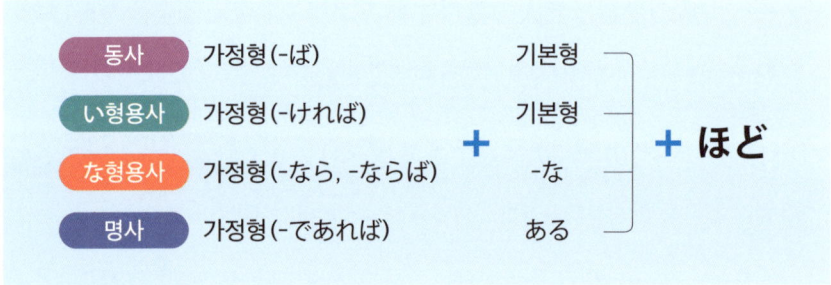

- 外国語は使えば使うほど上手になります。
  외국어는 쓰면 쓸수록 능숙해집니다.

- 会社も学校も休めば休むほど行きたくなくなります。
  회사도 학교도 쉬면 쉴수록 안 가고 싶어집니다.

- 山に登る時、苦しければ苦しいほど登ったときの喜びも大きい。
  산을 오를 때 힘들면 힘들수록 올랐을 때의 기쁨도 크다.

- 仕事は丁寧なら丁寧なほど時間はかかるが、いいものができる。
  일은 정성껏 하면 할수록 시간은 걸리지만 좋은 것을 만들 수 있다.

- 難しい本であればあるほど読者が少なくなる。
  어려운 책일수록 독자가 적어진다.

함께 알아 두기

～ば ～ほどいい

- 뒤에 오는 내용이 반드시 변화를 나타내지 않아도 된다. 대표적인 표현이 「～ば ～ほどいい ~(하)면 ~(할)수록 좋다」이다.

  - 早<small>はや</small>ければ早<small>はや</small>いほどいい。 빠르면 빠를수록 좋다.

  - 安<small>やす</small>ければ安<small>やす</small>いほどいい。 싸면 쌀수록 좋다.

  - 目標<small>もくひょう</small>は大<small>おお</small>きければ大<small>おお</small>きいほどいいです。 목표는 크면 클수록 좋습니다.

  - 部屋<small>へや</small>は駅<small>えき</small>から近<small>ちか</small>ければ近<small>ちか</small>いほどいいです。
    방(집)은 역에서 가까우면 가까울수록 좋습니다.

  - 単純<small>たんじゅん</small>であれば(単純<small>たんじゅん</small>で)あるほどいい。 단순하면 단순할수록 좋다.

  - 豊<small>ゆた</small>かであれば(豊<small>ゆた</small>かで)あるほどいい。 풍부하면 풍부할수록 좋다.

  - 借金<small>しゃっきん</small>は減<small>へ</small>らせば減<small>へ</small>らすほどいい。 빚은 줄이면 줄일수록 좋다.

  - 品物<small>しなもの</small>は売<small>う</small>れれば売<small>う</small>れるほどいい。 물건은 팔리면 팔릴수록 좋다.

- 한국어와 마찬가지로 「～ば ~(하)면」부분을 생략할 수도 있다.

  - 軽<small>かる</small>いほどいい。 가벼울수록 좋다.

  - 新<small>あたら</small>しいほどいい。 새로울수록 좋다.

  - 便利<small>べんり</small>なほどいい。 편리할수록 좋다.

  - 簡単<small>かんたん</small>なほどいい。 간단할수록 좋다.

  - 未完成<small>みかんせい</small>であるほどいい。 미완성일수록 좋다.

084

べきだ

(반드시) ~해야 한다

어떤 행동을 반드시 해야 한다고 판단할 때, 또는 그렇게 행동하는 것이 당연하다고 생각할 때 쓰는 표현으로, 단순히 의무라기보다 도덕적, 논리적으로 그렇게 하는 것이 가장 좋다고 강력하게 권장할 때 사용한다. 「〜する ~하다」는 「〜すべきだ ~해야 한다」라고 활용하기도 한다.

동사 기본형 **+ べきだ**

긍정 べきだ

- どんな理由があっても悪いことをしたらまず謝るべきだ。
  어떤 이유가 있어도 나쁜 짓을 했다면 우선 사과해야만 한다.

- この計画を立てたのは田中さんだから田中さんが説明すべきだ。
  이 계획을 세운 것은 다나카 씨니까 다나카 씨가 설명해야 한다.　(=するべきだ)

부정 べきではない

- 道が混んで約束の時間に行けなかった。車で行くべきではなかった。電車で行くべきだった。
  길이 막혀 약속 시간에 가지 못했다. 차로 가지 말았어야 했다. 전철로 가야만 했었다.

- テレビは見るべきではない。目が悪くなるだけだ。
  텔레비전은 보지 말아야 한다. 눈이 나빠질 뿐이다.

> 「〜べきだ」의 부정형은 「〜べきではない ~해서는 안 된다」이다. 「〜ないべきだ」가 아니라는 것을 기억하자.

함께 알아 두기

～べきだ VS ～なければならない

- 「～べきだ」는 선택지가 몇 개 있는 가운데 하나를 선택하는 것이고 도덕적, 논리적인 가치 판단이 포함되지만「～なければならない ~하지 않으면 안 된다, ~해야 한다」는 무조건적인 '의무'이기 때문에 선택의 여지가 없다. 따라서 법률이나 규칙, 예정, 약속 등과 관련해서 쓰는 경우가 많다.

- 明日は会社に8時まぐに行かなければならない。
  내일은 회사에 8시까지 가야 한다.

- 部屋に入る時は靴を脱がなければなりません。
  방(집)에 들어갈 때는 신발을 벗어야 합니다.

- 金曜日にレポートを出さなければなりません。
  금요일에 리포트를 내야 합니다.

- 「～べきだ」를 쓸 수 없는 경우

  규칙 등의 의무 사항일 때
  ✗ 図書館で本を借りる時は図書カードを見せるべきだ。
  → 図書館で本を借りる時は図書カードを見せなければならない。
  도서관에서 책을 빌릴 때는 도서 카드를 보여 주어야 한다.

  자신의 행동에 대해 말할 때
  ✗ (私は)風邪を引いたので薬を飲むべきだ。
  → 風邪を引いたので薬を飲まなければならない。
  감기에 걸려서 약을 먹어야 한다.

ほど ~はない

~만큼 ~은 없다

어떤 행동이나 상태 등의 예를 들고 '그 밖에 견줄만한 것은 없다'라고 말할 때 쓴다. 말하는 사람의 주관적인 느낌을 강조한 표현이다. 동사의 경우 「기본형 + こと」의 형태로 쓰기도 한다.

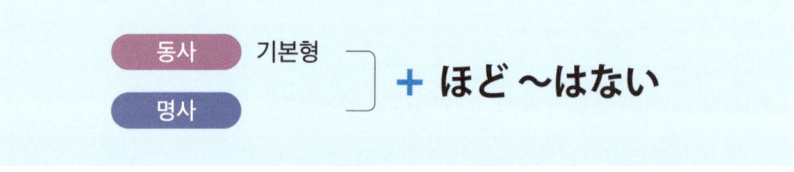

- 眠い時に運転するほど危険なことはない。
  졸릴 때 운전하는 것만큼 위험한 것은 없다.

- 愛する人と別れるほど胸が痛むことはない。
  사랑하는 사람과 헤어지는 것만큼 가슴이 아픈 것은 없다.

- 親友が遠くに行ってしまうほど寂しいことはない。
  친한 친구가 멀리 가 버리는 것만큼 서운한 것은 없다.

- 疲れたときに飲むコーヒーほどおいしいものはありません。
  피곤했을 때 마시는 커피만큼 맛있는 것은 없습니다.

- 外国で一人で暮らしていれば家族の電話ほど嬉しいものはない。
  외국에서 혼자 살고 있으면 가족의 전화만큼 기쁜 것은 없다.

- 小説家の中でこの作家ほど人気がある人はいない。
  소설가 중에서 이 작가만큼 인기가 있는 사람은 없다.

함께 알아 두기

● 회화에서는「ほど」대신「くらい(ぐらい) 만큼, 정도」를 쓸 수도 있다.

・疲れたときに飲むコーヒーぐらいおいしいものはない。
피곤할 때 마시는 커피만큼 맛있는 것은 없다.

・この作家くらい人気がある人はいない。
이 작가만큼 인기가 있는 사람은 없다.

●「~ほど ~はない」는 말하는 사람의 주관적인 생각을 나타내는 표현이기 때문에 누가 봐도 알 수 있는 객관적인 사실에 대해서는 사용하지 않는다.

> ✗ 日本で東京ほど人口が多い都市はない。
> → 日本で東京より人口が多い都市はない。
> 일본에서 도쿄보다 인구가 많은 도시는 없다.
>
> ✗ このクラスで山田さんほど背が高い人はいない。
> → このクラスで山田さんより背が高い人はいない。
> 이 반에서 야마다 씨보다 키가 큰 사람은 없다.

まま(で)

~한 상태로, ~인 채(로)

어떤 상태가 변하지 않고 그대로 유지되고 있는 것을 나타내는 표현이다.

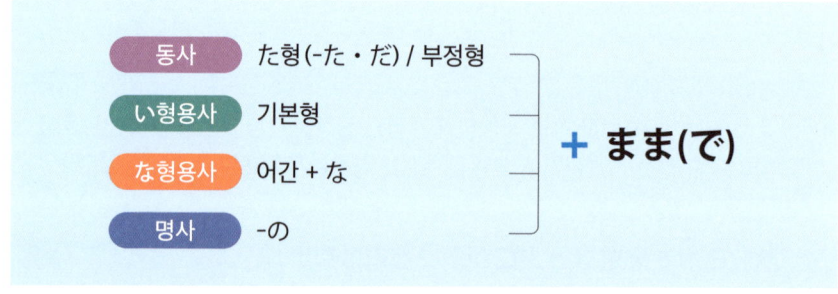

- ドアの前で1時間くらい立ったまま待っている。
  문 앞에서 한 시간 정도 선 채로 기다리고 있다.

- 道も分からないままホテルを探しています。
  길도 모르는 채 호텔을 찾고 있습니다.

- このスープは冷たいままでもおいしいです。
  이 수프는 차가운 채로도(대로도) 맛있습니다.

- 台風で雨風が強く吹いて不安なまま夜を過ごした。
  태풍으로 비바람이 세게 불어서 불안한 상태로 밤을 지냈다.

- 引越してもいつまでも友だちのままでいたいと思います。
  이사를 가더라도 언제까지나 친구로 있고 싶습니다.

함께 알아 두기

지시어「この、その、あの」와 함께 써서 부사와 같은 역할을 하는 경우도 있다. 또한「で・だ・です」를 붙여서「〜ままで・〜ままだ・〜ままです」의 형태로도 쓸 수 있다.

- この・その・あの + まま: 이대로, 그대로, 저대로

・このまま何もしなければキャンセルになります。
  이대로 아무것도 하지 않으면 취소됩니다.

・警察には見たことをそのまま話しました。
  경찰에는 본 것을 그대로 이야기했습니다.

・あのまま道路を修理しないでおくと事故が起きるかもしれない。
  저대로 도로를 수리하지 않고 놔두면 사고가 일어날지도 모른다.

・この作品で作家はありのままの自分を表現している。
  이 작품에서 작가는 있는 그대로의 자신을 표현하고 있다.

- まま + 〜で・〜だ・〜です(でした): ~대로, ~대로이다, ~대로입니다(였습니다)

・これからも素敵な今のままのあなたでいてください。
  앞으로도 멋진 지금 그대로의 당신으로 있어 주세요.

・この辺の景色は昔のままだ。
  이 부근의 경치는 옛날 그대로이다.

・故郷の町は私が小学生のころのままでした。
  고향 마을은 내가 초등학생 시절 그대로였습니다.

むき / むけ

~용, ~대상

「向_むき」는「向_むく 어울리다, 맞다」의 명사형으로, 어떤 제품이나 프로그램이 누구를 대상으로 하는 것인가를 표현할 때 많이 쓴다. 대상은 어린이, 어른, 여성, 고령자, 초보자 등 다양하게 넣을 수 있다. 「〜向_むきだ ~용(대상)이다」, 「〜向_むきの ~용(대상)의, ~을 위한」, 「〜向_むきに ~용(대상)으로, ~에 적합하도록」 등의 형태로 사용한다.

명사 + 向き / 向け

- 子ども向けのおもちゃを探した。
  어린이용(아이를 위한) 장난감을 찾았다.

- こちらにある服は若者向きのものです。
  이쪽에 있는 옷은 젊은 사람용입니다.

- 朝のテレビ番組では家庭の主婦向けに提供する情報が多い。
  아침 TV 프로에서는 가정 주부를 위해 제공하는 정보가 많다.

- これは一人向きですがいろいろな材料が少しずつ入っていて便利です。 이것은 일인용인데 다양한 재료가 조금씩 들어 있어서 편리합니다.

- ファミリーセットは4人分の肉と野菜が入っていて家族向きです。
  패밀리 세트는 4인분의 고기와 야채가 들어 있어서 가족이 드시기에 적합합니다.

함께 알아 두기

~向けの VS ~ための

- 「~ための ~을 위한」는 '그 대상에게 이익이 되는 것'이라는 의미로, 그것을 사용하는 대상만을 의미하지 않는다. 예를 들면 「子ども向けの本」이라면 '어린이가 읽는 책'이고 「子どものための本」은 '어린이를 이해하기 위한 책'이나 '어린이를 생각하기 위한 책'이 될 수도 있기 때문에 어른이 읽을 수도 있다.

- 子ども向けの本
  어린이용 책 (어린이가 읽는 책)

- 子どものための本
  어린이를 위한 책, 어린이를 이해하기 위한 책 (어른도 읽을 수 있는 책)

- 「~向けの」는 대상이 복수인데,「~ための」는 한 사람만을 위한 행동도 포함된다.

  - ○ 妻のためのプレゼントを買った。
    아내를 위한 선물을 샀다.
  - ✗ 妻向けのプレゼント

- 「~ための」는 대상이 사람이 아닐 경우도 있다

  - ○ 成功のための努力を続けた。
    성공을 위한 노력을 계속했다.
  - ✗ 成功向けの努力

ものだ

~한 법이다, ~이기 마련이다 [진리·본성·성질]

어떤 조건이 있으면 일반적으로 같은 결과가 나온다는 경향이나 진리를 말할 때 쓰는 표현이다.

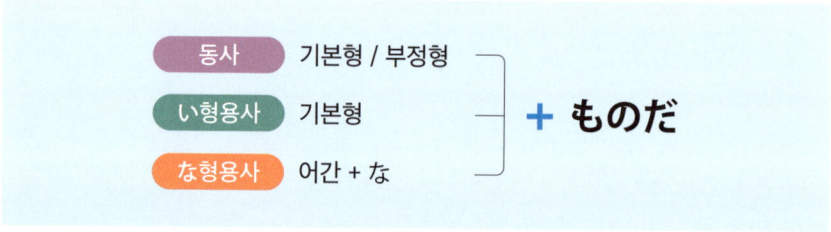

- 辛いことも時間がたてば忘れるものだ。
  힘든 일도 시간이 지나면 잊게 되는 법이다.

- 慣れればあまり気にならなくなるものです。
  익숙해지면 별로 신경 쓰지 않게 되는 법입니다.

- 唐辛子はもともと辛いものです。
  고추는 원래 매운 것입니다.

- 台風が来る直前は海も穏やかなもので風もありません。
  태풍이 오기 직전에는 바다도 잔잔하고 바람도 없습니다.

- スポーツも趣味も自分が好きなことは上手なものでしょう。
  스포츠도 취미도 자기가 좋아하는 것은 잘 하기 마련이죠.

> **함께 알아 두기**

동사 た형 + ものだ

● 「~たものだ」는 '~(하)곤 했다'라는 의미로, 과거에 습관적으로 했던 일을 회상할 때 쓰는 표현이다. N2문형이니 참고해 두자.

- 子どものころは毎日山に行って遊んだものです。
  어릴 적에는 매일 산에 가서 놀곤 했습니다.

- 昔は弟とよく喧嘩したものです。
  옛날에는 남동생과 자주 싸우곤 했습니다.

● 과거 일정 기간 반복해서 일어난 일을 나타내는 말이기 때문에, 한 번 일어난 일이나 지속적인 내용을 나타내는 동사에는 사용하지 않는다.

> ✗ 今から20年前にこの学校を卒業したものです。
> → 今から20年前にこの学校を卒業しました。 [일회성]
>   지금으로부터 20년 전에 이 학교를 졸업했습니다.
>
> ✗ 小学生までこの町で育ったものです。
> → 小学生までこの町で育ちました。 [지속]
>   초등학생 때까지 이 마을에서 자랐습니다.

ようがない

~할 방법이 없다, ~하려고 해도 할 수가 없다

어떤 행동을 하고 싶지만 방법이나 조건이 없어서 할 수 없음을 나타내는 표현이다. '어쩔 수 없다'라는 뜻의「しょうがない」도 이 문형에서 나온 표현이다.

> 동사　ます형　+　ようがない

- 先生に質問されたが勉強していないので答えようがなかった。
  선생님에게 질문받았지만 공부하지 않아서 대답할 수가 없었다.

- 昔とすっかり変わってしまったからその家を探しようがない。
  옛날과 완전히 변해 버렸기 때문에 그 집을 찾을 길이 없다.

- 消防車が火災現場に行こうとしたが道が混雑して近づきようがなかった。
  소방차가 화재 현장으로 가려고 했지만 길이 혼잡해서 접근할 수가 없었다.

- この事故については、まだ原因も分からないので何とも説明しようがありません。
  이 사고에 대해서는 아직 원인도 모르기 때문에 뭐라고도 설명할 수가 없습니다.

- 私からは連絡しようがないので他の人に聞いてください。
  저는 연락할 방법이 없으니 다른 사람에게 물어보세요.

함께 알아 두기

「〜ようがない / 〜ようもない」가 들어간 관용 표현을 살펴보자.

- 手の付けようがない / 手の施しようがない: 손을 댈 수가 없다, 손쓸 수가 없다

  ・部屋があまりに汚れていて手のつけようがなかった。
  방이 너무 더러워서 손을 댈 수가 없었다.

- 比べようがない: 비교할 수가 없다, 비교할 방법이 없다

  ・その作品は他のどの作品より美しく比べようがなかった。
  그 작품은 다른 어느 작품보다 아름답고 비교할 수가 없었다.

- 疑いようがない: 의심할 여지가 없다

  ・それが事実であることは疑いようがない。
  그것이 사실인 것은 의심할 여지가 없다.

- どうしようもない: 어찌할 도리가 없다

  ・ここまで来たらもうどうしようもないですね。
  여기까지 오면(여기까지 온 이상) 이제 어찌할 방법이 없네요.

ようだ

~것 같다, ~듯 하다

말하는 사람의 주관적인 근거에 의한 추측을 나타낸다. 회화에서는 「〜みたいだ」를 많이 사용한다.

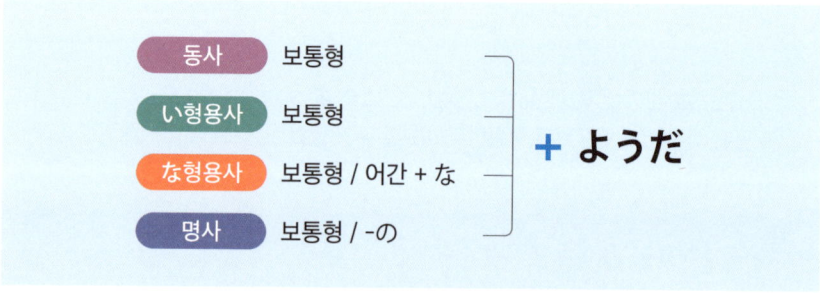

- 新しく出たスマホはとても人気があるようです。
  새로 나온 스마트폰은 매우 인기가 있는 것 같습니다.

- 田中さんはこのごろ一生懸命勉強しているようです。
  다나카 씨는 요즘 열심히 공부하고 있는 것 같습니다.

- あの二人は今はライバルだが、学生時代は仲がよかったようだ。
  저 두 사람은 지금은 라이벌이지만 학창 시절에는 사이가 좋았던 것 같다.

- 子どもはニンジンが嫌いなようで、カレーを作ってもそれだけ残す。
  아이는 당근을 싫어하는 모양으로, 카레를 만들어도 그것만 남긴다.

- 日本は伝統行事があって来週から連休のようです。
  일본은 전통 행사가 있어 다음 주부터 연휴인 것 같다.

함께 알아 두기

~ようだ VS ~そうだ VS ~らしい

- 「~ようだ」는 보고, 듣고, 체험한 것을 바탕으로 추측하여 주관적인 판단을 내릴 때 사용한다. 주관적인 추측이지만, 직관적인 인상이라기보다는 어떤 데이터나 지식, 정보 등으로부터 내린 판단에 의한 추측이다. '꼭 단정할 수는 없다'라는 뜻을 나타내는 부사「どうも・どうやら 아무래도」를 동반하는 경우가 많다.

- 明日は雨が降るようだ。
  내일은 비가 올 것 같다.(올 모양이다.)
  (일기 예보, 누군가의 이야기, 하늘의 상태 등을 종합하여 판단함)

- 「~そうだ」는 직접 눈앞에 보이는 느낌을 통해 직관적으로 추측하거나 앞으로 일어날 것 같은 가능성을 직감으로 이야기할 때 사용하는 표현이다. 비교적 가까운 시간에 일어나는 일에 사용하며 동사 ます형에 접속한다.

- 空が暗くなってきたから雨が降りそうだ。
  하늘이 어두워져서 비가 올 것 같다.
  (꾸물꾸물한 날씨 상태 등을 보고 판단함)

- 「~らしい」는 객관적 정보, 남에게 들은 내용 등을 통해, 완전한 사실이라고는 단정할 수는 없지만, 거의 확실하다고 추측될 때 사용하는 표현이다. 소문 같은 내용을 전달할 때도 쓴다.

- 天気予報によれば明日は雨が降るらしい。
  일기 예보에 따르면 내일은 비가 온다는 것 같아.(비가 온대.)
  (뉴스, 인터넷 등을 통해 얻은 정보를 통해 판단함)

- みんなが言っていたけど山田さんは月末に会社をやめるらしい。
  모두가 말하던데, 야마다 씨는 월말에 회사를 그만둔다는 것 같아.(그만둔대.)

ようとしない

~하려고 하지 않다

다른 사람의 의지를 나타내는「〜ようとする ~하려고 하다」의 부정 표현이다.

동사 의지형(-う・よう) **+** としない

- ジミーさんは何度 (なんど) 注意 (ちゅうい) しても約束 (やくそく) の時間 (じかん) を守 (まも) ろうとしない。
  지미 씨는 몇 번 주의를 줘도 약속 시간을 지키려고 하지 않는다.

- いくら説明 (せつめい) しても誰 (だれ) も彼 (かれ) の話 (はなし) を信 (しん) じようとしない。
  아무리 설명해도 아무도 그의 말을 믿으려고 하지 않는다.

- 雨 (あめ) が続 (つづ) いて子 (こ) どもも犬 (いぬ) も外 (そと) に遊 (あそ) びに行 (い) こうとしない。
  비가 계속 내려 아이도 강아지도 밖에 놀러 가려고 하지 않는다.

- 犯人 (はんにん) は何 (なに) を聞 (き) いても答 (こた) えようとしない。
  범인은 무엇을 물어도 대답하려고 하지 않는다.

- 夫 (おっと) は家事 (かじ) を手伝 (てつだ) おうとしません。
  남편은 집안일을 도와주려고 하지 않습니다.

- 子 (こ) どもに野菜 (やさい) を食 (た) べるように言 (い) っても食 (た) べようとしません。
  아이에게 야채를 먹으라고 말해도 먹으려고 하지 않습니다.

함께 알아 두기

- 「〜ようとしない」는 사람의 의지를 나타내는 표현이므로 대부분 사람의 행동에 대해 쓰지만, 예외적으로 사람이 아닌 것에도 쓰는 경우가 있다.

  > ✕ どんなに注意しても交通事故はなくなろうとしません。
  >
  > → どんなに注意しても交通事故はなくなりません。
  > 아무리 주의를 해도 교통사고는 사라지지 않습니다.
  >
  > (예외)
  >
  > ・どんな事故が起きたのか電車はまったく動こうとしない。
  > 어떤 사고가 일어났는지 전철은 전혀 움직이려고 하지 않는다.
  > (움직일 기미가 없다.)
  >
  > ・毎日雨が降り続いて止もうとしません。
  > 매일 비가 계속 내리며 그치려고 하지 않습니다.
  > (그칠 기미가 없다.)

- 말하는 사람이 자신의 행동에 대해서도 쓰지 않는다.

  > ✕ 私はすぐ顔が赤くなるのでお酒を飲もうとしません。
  >
  > → 私はすぐ顔が赤くなるのでお酒を飲みません。
  > 저는 금방 얼굴이 빨개져서 술을 마시지 않습니다.
  >
  > → 私はすぐ顔が赤くなるのでお酒を飲まないようにしています。
  > 저는 금방 얼굴이 빨개져서 술을 마시지 않도록 하고 있습니다.

よう(に)

~(하)도록, ~(하)기를

'앞에서 말하는 행동이나 상황을 실현하기 위해 뒤에 오는 행동을 한다'고 말할 때 쓰는 표현이다.

| 동사 | 기본형 / 부정형 + よう(に) |

- 試験に合格できるように毎日遅くまで勉強しました。
  시험에 합격할 수 있도록 매일 늦게까지 공부했습니다.

- 先生の声がよく聞こえるように一番前の席に座った。
  선생님 목소리가 잘 들리도록 제일 앞자리에 앉았다.

- 二人の愛がいつまでも続くように祈りました。
  두 사람의 사랑이 언제까지나 계속되기를 빌었습니다.

- 風邪を引かないように部屋を暖かくして寝ました。
  감기에 걸리지 않도록 방을 따뜻하게 해서 잤습니다.

- 狭い道路で他の人にぶつからないように注意して自転車に乗った。
  좁은 도로에서 다른 사람에게 부딪치지 않도록 주의해서 자전거를 탔다.

- 後で後悔しないようにできることを一生懸命やりました。
  나중에 후회하지 않도록 할 수 있는 일을 열심히 했습니다.

> **함께 알아 두기**

～ように VS ～ために

- 둘 다 목적을 나타내는 표현이다. 일반적으로 「～ように」는 무의지 동사(자동사)에 접속하고 「～ために」는 의지 동사(타동사)에 접속한다.

- 風邪が早く治るように病院に行きます。 (자동사)
  감기가 빨리 낫도록 병원에 갑니다.

- 風邪を早く治すために病院に行きます。 (타동사)
  감기를 빨리 치료하기 위해 병원에 갑니다.

- 電気がつくようにスイッチを押した。 (자동사)
  전기 불이 켜지도록 스위치를 눌렀다.

- 電気をつけるためにスイッチを押した。 (타동사)
  전기 불을 켜기 위해 스위치를 눌렀다.

- 둘 다 사용 가능한 경우도 있다. (예: 着く 도착하다 - 자동사)

- 朝10時に着くように9時に家を出ました。
  아침 10시에 도착하도록 9시에 집을 나왔습니다.

- 朝10時に着くために9時に家を出ました。
  아침 10시에 도착하기 위해 9시에 집을 나왔습니다.

られる

~되다, ~받다, ~당하다, ~아/어지다

수동 외에 존경, 가능, 자발(저절로 움직이는 생각이나 감정) 등 다양한 의미가 있다.

동사 1그룹	어미 → あ단	**+ れる**
동사 2그룹	어미 る 삭제	**+ られる**
동사 3그룹	する / くる	→ **される / こられる**

동사 1그룹

- 人の名前をすぐ忘れるのは年のせいだと思われる。
  사람의 이름을 금방 잊어버리는 것은 나이 탓이라고 생각된다.

- 子どものころ、友だちとプールで遊んだことが思い出される。
  어린 시절, 친구와 수영장에서 놀았던 것이 떠오른다.

동사 2그룹

- 仕事が忙しいと時間がたつのが早く感じられる。
  일이 바쁘면 시간이 지나가는 게 빠르게 느껴진다.

동사 3그룹

- 今日は午後から雨が予想されます。
  오늘은 오후부터 비가 예상됩니다.

함께 알아 두기

「～れる・られる」의 형태의 다양한 표현을 좀 더 살펴보자.

● 수동・가능・존경

- 授業のあとで先生に呼ばれました。[수동]
  수업 후에 선생님께 불렸습니다. (불려 갔습니다.)

- 明日は今日より早い時間に来られます。[가능]
  내일은 오늘보다 이른 시간에 올 수 있습니다.

- この計画は社長が若い時に考えられたものです。[존경]
  이 계획은 사장님이 젊으셨을 때 생각하신 것입니다.

● 객관적 수동: 행동의 주체, 즉 특정한 사람이 표시되지 않는 수동형

- 開会式は来週の月曜日、午後2時から行われます。
  개회식은 다음 주 월요일 오후 2시부터 실시됩니다.

- 日本人はあまり自己主張をしないと言われています。
  일본 사람은 별로 자기 주장을 하지 않는다고 합니다.

● 피해 수동: 원하지 않는 일이 일어나거나 그 일로 피해를 입게 될 경우에 쓰는 수동형

- 傘を持ってこなかったが帰りに雨に降られてぬれてしまった。
  우산을 가지고 오지 않았는데 오는 길에 비를 맞아 젖어 버렸다.

- 夜中に子どもに泣かれて朝まで眠れなかった。
  밤중에 아기가 울어서 아침까지 잠을 잘 수 없었다.

- 昨日、友だちに来られて勉強ができなかった。
  어제 친구가 와서 공부를 할 수가 없었다.

わけがない

~(할) 리가 없다

어떤 동작이나 상태에 대해 강한 부정을 나타내는 표현이다.

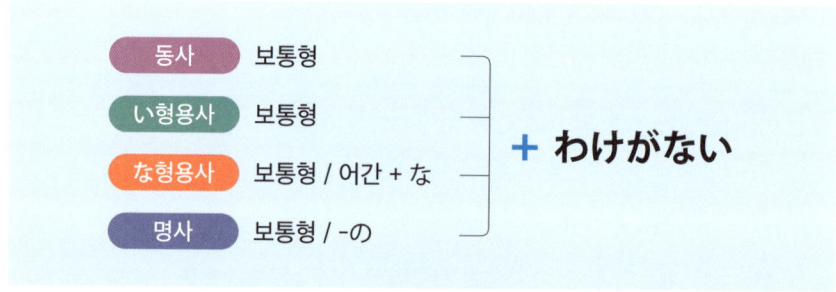

- 親の言うことを聞かない子どもが君の話を聞くわけがない。
  부모의 말을 듣지 않는 아이가 자네 이야기를 들을 리가 없다.

- まだ10時だから電車で帰れないわけがない。
  아직 10시인데 전철로 (집에) 돌아가지 못할 리가 없다.

- 最高の材料を使って作る料理がおいしくないわけがありません。
  최고의 재료를 써서 만드는 요리가 맛없을 수가 없습니다.

- 明るい性格の山田さんでも試験に3回落ちて平気なわけがない。
  명랑한 성격인 야마다 씨라도 시험에 세 번 떨어지고 태연할 리가 없다.

- こんなに値段が安いのにこれがダイヤモンドのわけがない。
  이렇게 가격이 싼데 이게 다이아몬드일 리가 없다.

함께 알아 두기

「わけ」가 들어간 또 다른 표현을 알아보자. 형태가 비슷해 혼동하지 않도록 주의하자.
'~(할) 수는 없다'라는 의미의 「~わけにはいかない」는 사회적 통념, 상식, 경험상 '그렇게는 할 수 없다, 해서는 안 된다'는 것을 나타내는 표현이다. 「063 ないわけにはいかない ~하지 않을 수는 없다」와 함께 익혀 두자.

～わけにはいかない   ~할 수는 없다

- こんなに仕事が忙しいのに私が休むわけにはいかない。
  이렇게 일이 바쁜데 내가 쉴 수는 없지.

- ここまで来たのにあきらめるわけにはいかない。
  여기까지 왔는데 포기할 수는 없다.

- みんなが遅くまで仕事をしている時に私だけ先に帰るわけにはいきません。 모두가 늦게까지 일을 하고 있을 때 저만 먼저 돌아갈 수는 없습니다.

～ないわけにはいかない   ~하지 않을 수는 없다

- 私が好きな選手が世界1位に挑戦するので試合を見ないわけにはいかない。 내가 좋아하는 선수가 세계 1위에 도전하기 때문에 시합을 보지 않을 수는 없다.

- 親友の結婚式だから出席しないわけにはいかないでしょう。
  친한 친구의 결혼식이니까 참석하지 않을 수는 없죠.

わけだ

~는 것이다, ~는 말이다, ~인 셈이다

어떤 사실이나 상황에서 당연히 그렇게 되리라 납득할 때, 상대방이 말한 내용을 반복하거나 확인할 때 쓰는 표현이다.

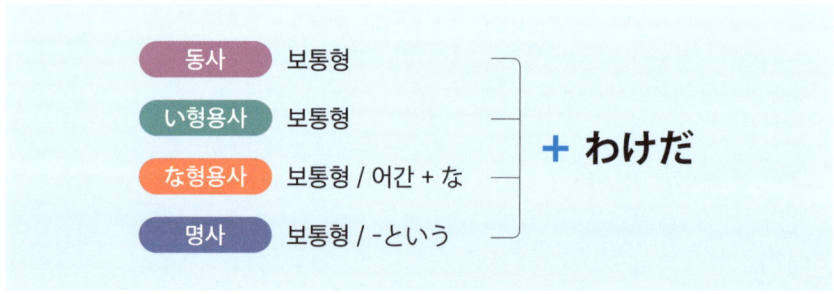

- A 中村さんはコンピューターの会社に長くいました。
  나카무라 씨는 컴퓨터 회사에 오래 있었습니다. (근무했습니다.)

  B それでパソコンのことをよく知っているわけですね。
  그래서 컴퓨터에 대해 잘 알고 있는 것이군요.

- A 今日が連休の初日だね。 오늘이 연휴 첫날이네.

  B だから車が多いわけだ。 그래서 차가 많구나.

- 田中さんは30年間教師をしていたから、教育に熱心なわけです。
  다나카 씨는 30년간 교사를 했기 때문에 교육에 열심인 것입니다.

- みんな同じ色の服を着ていますが、あの色が今年の流行というわけですね。 모두 같은 색깔의 옷을 입고 있는데 저 색이 올해 유행인 거군요.

함께 알아 두기

앞에서 '납득'에 대한 예문을 익혔으니, 이번에는 '반복이나 확인'할 때의 예문도 살펴보자.

- A 電車で50分くらいかかります。
  전철로 50분 정도 걸립니다.
  B 8時の電車だから9時には東京駅に着くわけですね。
  8시 전철이니까 9시에는 도쿄역에 도착한다는 말씀이군요.

- A 今度のプランは社長が決めました。
  이번 플랜은 사장님이 결정하셨습니다.
  B それだけこの計画は重要なわけですね。
  그만큼 이 계획은 중요하다는 말이지요?

- A 遅刻しそうだったから朝ご飯食べないでパンを買ってきた。
  지각할 것 같았기 때문에 아침은 안 먹고 빵을 사 왔어.
  B じゃ、それが朝ご飯というわけ？
  그럼, 그게 아침밥이란 말이야?

〜わけではない

「〜わけ」가 들어간 또 다른 문형을 살펴보자. 「〜わけではない」는 '(반드시) ~인 것은 아니다'라는 부분 부정을 나타내는 표현이다.

- 梅雨の時は雨がよく降るが、毎日降るわけではない。
  장마 때는 비가 자주 오지만 매일 오는 것은 아니다.

- 日本の歴史は少し勉強したがそんなに詳しいわけではない。
  일본 역사는 조금 공부했지만 그렇게 정통한 것은 아니다.

わりに(は)

~에 비해서(는), ~치고(는)

앞뒤의 내용을 비교하는 표현이다.

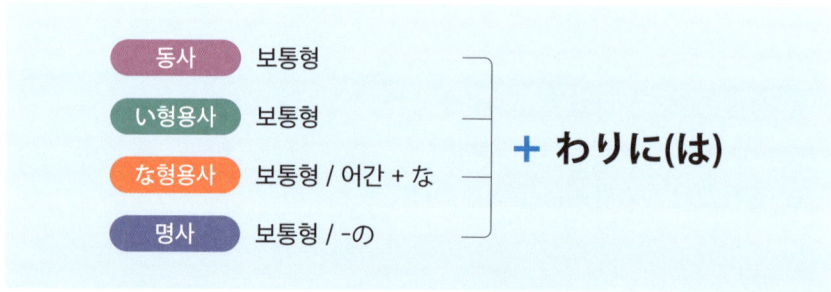

- 彼は授業中によく居眠りするわりには成績がいい。
  그는 수업 중에 자꾸 조는 데 비해서는 성적이 좋다.

- 今年の冬は暖かいわりに雪がたくさん降って子供たちは喜んでいる。
  올 겨울은 따뜻한 데 비해 눈이 많이 와서 아이들은 좋아한다.

- 現代社会は生活が豊かなわりに心は貧しいと言われる。
  현대 사회는 생활이 넉넉한 데 비해 마음은 가난하다고 한다.

- 新しくできた図書館は立派な建物のわりには本が少なかった。
  새로 생긴 도서관은 근사한 건물인 데 비해서는 책이 적었다.

- 彼女は未経験だったわりには仕事がよくできるので先輩に認められた。 그녀는 경험이 없었던 것에 비해 일을 잘하기 때문에 선배에게 인정받았다.

> **함께 알아 두기**

～に比べて vs ～に対して

비교를 나타내는 또 다른 표현 중,「～に比べて ~에 비해서」는 단순히 비교를 할 때 쓰고,「～に対して ~에 비해, ~에 대해, ~에게」는 비교하는 것 외에도 자신의 행동이 향하는 상대를 가리킬 때도 쓴다. (071「にくらべて」, 075「にたいして」참고)

- 先週に比べて今週の方が忙しかった。
  지난주에 비해 이번 주가 더 바빴다.

- 水に比べて油の方が軽い。
  물에 비해 기름이 더 가볍다.

- 地震に対して十分な対策ができているでしょうか。
  지진에 대해 충분한 대책이 마련되어 있는 것일까요?

- 親に対してそんな言葉を使ってはいけない。
  부모에 대해(부모에게) 그런 말을 써서는 안 된다.

● 「～わりには」뒤에는 일반적으로 막연한 정도·범위의 내용이 온다.

> ✗ 早く出たわりには夜9時に着いた。
>
> ○ 早く出たわりには遅く着いた。
> 일찍 나간 것치고는 늦게 도착했다.
>
> ✗ 60歳のわりには40歳に見えます。
>
> ○ 60歳のわりには若く見えます。
> 60살치고는 젊어 보여요.

097

をきっかけに
~을 계기로

그 전에 하지 않았던 새로운 일을 시작하게 된 기회·계기·발단을 말할 때 쓰는 표현이다. 「きっかけ」 뒤에는 긍정적·부정적 내용 모두 올 수 있다. 동사와 연결할 때는 「~ことをきっかけに(して) ~(한) 것을 계기로 (해서)」, 「~ことがきっかけになって ~(한) 것이 계기가 되어」의 형태로 쓸 수 있다.

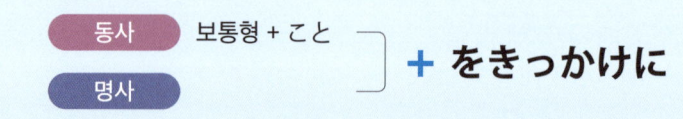

- ニュースを見たことをきっかけに日本の文化を調べ始めた。
  뉴스를 본 것을 계기로 일본의 문화를 조사하기 시작했다.

- 先生に出会ったことがきっかけになって人生が変わりました。
  선생님을 만나게 된 것이 계기가 되어 인생이 바뀌었습니다.

- 2週間の入院をきっかけに健康の大切さがよく分かった。
  2주간의 입원을 계기로 건강의 소중함을 잘 알게 되었다.

- オリンピックをきっかけにして新幹線が作られたそうだ。
  올림픽을 계기로 해서 신칸센이 만들어졌다고 한다.

- バイトをきっかけに新しい出会いを経験する若者が多い。
  아르바이트를 계기로 새로운 만남을 경험하는 젊은이가 많다.

함께 알아 두기

～をきっかけに VS ～を契機に

「きっかけ 계기」의 유사 표현으로 「契機 계기」가 있다. 「～を契機に(して) ~을 계기로 (해서)」는 딱딱한 표현으로, 주로 문장에서 사용된다. 뒤에 좋은 내용, 나쁜 내용이 올 수 있지만, 대체적으로 긍정적인 내용이 오는 경우가 많다.

- ユーチューブ出演をきっかけに有名になった人もいる。
유튜브 출연을 계기로 유명해진 사람도 있다.

- 病院の検査をきっかけにして自分の健康に関心を持つようになる。
병원 검사를 계기로 해서 자신의 건강에 관심을 가지게 된다.

- 学校でいじめられたことがきっかけになって悪の道に入るようになった。
학교에서 왕따를 당한 것이 계기가 되어 나쁜 길로 들어서게 되었다.

- 新聞の発行を契機にして市民革命が始まった。
신문의 발행을 계기로 하여 시민 혁명이 시작되었다.

- この会社は200年前に寺を建てたことを契機に作られた。
이 회사는 200년 전에 절을 세운 것을 계기로 만들어졌다.

- 大きな地震が起きたことが契機になって地震にも強い建築が注目されました。 큰 지진이 일어난 것이 계기가 되어 지진에도 강한 건축이 주목받았습니다.

をこめて

~을 담아서, ~을 들여서

감정이나 마음을 물건이나 글에 담았다는 것을 나타낼 때 쓰는 표현이다. 뒤에 명사가 올 때는 「〜をこめた + 명사」의 형태로 쓴다.

> 명사 + をこめて

- 友だちの誕生日に心をこめてカードを作りました。
  친구 생일에 마음을 담아서 카드를 만들었습니다.

- 一緒に戦った選手たちはお互いに力をこめて手を握った。
  함께 싸웠던 선수들은 서로 힘을 주어 손을 잡았다.

- 外国では親しみをこめてファーストネームを呼ぶことが多い。
  외국에서는 친밀감을 담아서 퍼스트 네임(이름)을 부르는 경우가 많다.

- 気持ちをこめて書いた文は読んだ人に感動を与えます。
  마음을 담아서 쓴 글은 읽는 사람에게 감동을 줍니다.

- 平和への祈りをこめてこの記念碑を立てました。
  평화에 대한 기원을 담아 이 기념비를 세웠습니다.

- その手紙には憎しみをこめた文章が書かれていた。
  그 편지에는 증오를 담은 문장이 쓰여 있었다.

함께 알아 두기

「こめる 담다」,「こもる 담기다」를 활용한 다양한 표현을 예문을 통해 살펴보자.

- メロディに愛をこめて歌を作った。
  멜로디에 사랑을 담아서 노래를 만들었다.

- 二人は力をこめて互いを抱き合った。
  두 사람은 힘껏 서로를 얼싸안았다.

- この作品には作家がこめた祈りが表現されている。
  이 작품에는 작가가 담은 기도가 표현되어 있다.

- 心のこもったプレゼント、ありがとう。
  마음이 담긴 선물 고마워.

- 両親に感謝の思いがこもった手紙と花を贈った。
  부모님께 감사의 마음이 담긴 편지와 꽃을 드렸다.

- 真っ暗な部屋に恨みのこもった声が響く。
  어두컴컴한 방에 원한이 담긴 목소리가 울린다.

- その目には憎しみがこもった光が感じられた。
  그 눈에는 증오가 담긴 빛이 느껴졌다.

- 彼の悪意がこもった言葉に傷ついた。
  그의 악의가 담긴 말에 상처받았다.

- 相手のことを考えながら書いていると文章に自然に気持ちがこもる。
  상대방을 생각하며 쓰다 보면 문장에 저절로 마음이 담긴다.

をつうじて

~을 통해, ~내내

어떤 수단이나 매개를 통해 무엇인가를 성립시킬 때, 또는 어떤 일정 기간 동안 상황이 계속 유지되는 것을 말할 때 쓰는 표현이다.

수단·매개

- マラソン大会の参加は市のホームページを通じて申し込みました。
  마라톤 대회 참가는 시의 홈페이지를 통해 신청했습니다.

- 人間に必要な栄養は血液を通じて体の中に入っていきます。
  인간에게 필요한 영양은 혈액을 통해 몸속으로 들어갑니다.

- 最近は新聞やテレビよりインターネットを通じて情報を得ることが多い。 요즘은 신문이나 TV보다 인터넷을 통해 정보를 얻는 경우가 많다.

기간

- 庭には四季を通じていろいろな花が咲いています。
  정원에는 사계절 내내 여러 가지 꽃이 피어 있습니다.

- この国は1年を通じて雨の量がとても少ないので農業が難しい。
  이 나라는 1년 내내 강우량이 매우 적기 때문에 농업이 어렵다.

- シャリーさんは3年の留学期間を通じて一度も国に帰らなかった。
  샤리 씨는 유학 기간 3년 내내 한 번도 모국에 돌아가지 않았다.

함께 알아 두기

～を通(つう)じて VS ～を通(とお)して

둘 다 같은 한자를 쓰고 의미도 비슷하다. 단, 「～を通じて ~을 통해」는 수단이나 매개를 나타내는 것이 많고, 「～を通して ~을 통해」는 뒤에 오는 내용이 적극적이고 의욕적인 내용이 비교적 많다.

- 今回の件は田中課長を通じて先方に話してあります。
  이번 건은 다나카 과장님을 통해 상대방에게 이야기해 두었습니다.

- 会議の様子はモニターを通じて他の社員にも伝えられる。
  회의 상황은 모니터를 통해 다른 사원들에게도 전달된다.

- 新鮮な空気は鼻や口を通じて体内に取り入れられる。
  신선한 공기는 코나 입을 통해 체내에 유입된다.

- これまで1週間を通じて気温の変化はほとんどありませんでした。
  지금까지 일주일 내내 기온 변화는 거의 없었습니다.

- 子供たちはスポーツを通して健康になり、協力することを学びます。
  아이들은 스포츠를 통해 건강해지고 협력하는 것을 배웁니다.

- 今度の経験を通して学んだことは多い。
  이번의 경험을 통해 배운 것은 많다.

- 私たちはその国の食文化を通して長い歴史を知ることができます。
  우리는 그 나라의 음식 문화를 통해 오랜 역사를 알 수 있습니다.

- 実験を通して得たデータは他の研究者とも共有します。
  실험을 통해 얻은 데이터는 다른 연구자와도 공유합니다.(공유하겠습니다.)

をもとに(して)

~을 바탕으로 (해서)

어떤 것을 만들거나 만들어질 때 그 모태가 되는 것을 나타내는 표현이다. 뒤에 오는 말은「書く 적다, 쓰다」,「話す 말하다」,「考える 생각하다」,「作る 만들다」등 무엇인가 생성되거나 창조되는 내용이 일반적이다. 뒤에 명사가 올 때는「〜をもとにした + 명사」의 형태로 쓴다.

명사 + **をもとに(して)**

- その主張は確かな事実をもとにしている。
  그 주장은 확실한 사실을 바탕으로 하고 있다.

- この小説は作家が子供の時に書いた日記をもとに作られた。
  이 소설은 작가가 어릴 때 쓴 일기를 바탕으로 만들어졌다.

- おじいさんの話は本ではなく自分の経験をもとにしたものだった。
  할아버지의 이야기는 책이 아니라 자신의 경험을 토대로 한 것이었다.

- 今、実際に起きた事件をもとにした映画が話題を集めている。
  지금 실제로 일어난 사건을 토대로 한 영화가 화제를 모으고 있다.

- 自分の貯金をもとにして始めた事業が成功して今は大会社の社長になっている。
  자신의 저금을 밑천으로 해서 시작한 사업이 성공해서 지금은 대기업의 사장이 됐다.

함께 알아 두기

～をもとにして VS ～に基(もと)づいて

「～をもとに(して) ~을 바탕으로 (해서)」는 '거기서부터 새로운 것을 만들어 낸다'는 의미가 있지만,「～に基(もと)づいて ~에 입각해서, ~에 근거하여, ~에 따라」는 '거기에 계속 연결되어 있는 상태로 무언가를 한다'는 의미가 있다.

このドラマは事実(じじつ)をもとにして作(つく)られた創作(そうさく)です。
이 드라마는 사실을 바탕으로 해서 만들어진 창작입니다.

- 彼(かれ)は先生(せんせい)の考(かんが)えをもとに新(あたら)しい理論(りろん)を発展(はってん)させた。
그는 선생님의 생각을 바탕으로 새로운 이론을 발전시켰다.

- 作家(さっか)は1年間(ねんかん)のアフリカ生活(せいかつ)をもとに小説(しょうせつ)を書(か)きあげた。
작가는 1년 동안의 아프리카 생활을 바탕으로 소설을 써냈다.

- 警察(けいさつ)は被害者(ひがいしゃ)の話(はなし)をもとにして犯人(はんにん)の写真(しゃしん)を作成(さくせい)した。
경찰은 피해자의 이야기를 근거로 해서 범인의 사진을 작성했다.

- 法律(ほうりつ)に基(もと)づいて罪(つみ)が決(き)められる。
법률에 입각하여 죄가 결정된다.

- 計画(けいかく)に基(もと)づいて試験勉強(しけんべんきょう)をする。
계획에 따라 시험 공부를 한다.

- 良心(りょうしん)に基(もと)づいて事実(じじつ)を話(はな)した。
양심에 따라 사실을 말했다.

- 上司(じょうし)の指示(しじ)に基(もと)づいてプロジェクトを実行(じっこう)します。
상사의 지시에 따라 프로젝트를 실행합니다.(실행하겠습니다.)

확인 문제 　JLPT 문법_ 문법형식 판단 유형

다음 문장의 ( )에 넣기에 가장 적당한 것을 1·2·3·4에서 하나 고르세요.

1 豆腐はカロリーが低い（　　）栄養も豊富だ。

1　だからでなく　　　　2　にかぎらず
3　のではなく　　　　　4　ばかりでなく

2 そのデパートは月曜日が休みの（　　）。

1　わけだ　　2　はずだ　　3　ことだ　　4　せいだ

3 靴は履けば（　　）足に慣れて歩きやすくなる。

1　履くぐらい　2　履きながら　3　履くほど　4　履けるだけ

4 どうして事故が起きたのか、会社は誠実に説明（　　）。

1　するべきだ　　　　　2　するまでだ
3　するからだ　　　　　4　するばかりだ

5 彼ほど国民に愛された詩人は（　　）だろう。

1　いる　　2　いない　　3　あった　　4　ない

어휘

豆腐 두부　カロリー 칼로리　栄養 영양　豊富だ 풍부하다　履く (신발을) 신다
慣れる 익숙해지다, 길들다　誠実 성실하게　愛される 사랑받다　詩人 시인

6 その店は名前も住所も分からないので探し(　　　)。

  1　かたがなかった　　　2　ようがなかった
  3　たくなかった　　　　4　できなかった

7 この本は外国人(　　　)に分かりやすく書かれています。

  1　だけ　　2　あて　　3　よう　　4　向け

8 友だちに連絡できない(　　　)1か月が過ぎた。

  1　だけで　　2　あいだ　　3　まま　　4　ながら

9 楽しい時間はすぐに過ぎてしまう(　　　)。

  1　ものだ　　2　ことだ　　3　ときだ　　4　だけだ

10 その人は日本が初めての(　　　)から道を教えてあげました。

  1　ようだった　　　　2　そうだった
  3　みたいだった　　　4　わけだった

分かりやすく 알기 쉽게　書かれる 쓰이다, 적히다　過ぎる 지나다

확인 문제 　JLPT 문법_ 문장 만들기 유형

다음 문장의 ＿★＿ 에 들어가기에 가장 적당한 것을 1·2·3·4에서 하나 고르세요.

1 寒くて ＿＿ ＿＿ ★ ＿＿ 子どもに犬を散歩させた。
　　1　出よう　　　2　しない　　　3　外に　　　4　と

2 外国でも運転が ＿＿ ＿＿ ★ ＿＿ 取得した。
　　1　国際免許　　2　できる　　　3　を　　　　4　ように

3 昨日は夜、＿＿ ＿＿ ★ ＿＿ 寝られなかった。
　　1　泣かれて　　2　全然　　　　3　に　　　　4　子ども

4 子どもの日だからどこに行っても ＿＿ ＿＿ ★ ＿＿ ですね。
　　1　わけ　　　　　　　　　　　2　が
　　3　子ども連れ　　　　　　　　4　多い

5 韓国 ＿＿ ＿＿ ★ ＿＿ するようになった。
　　1　ドラマを　　2　韓国語を　　3　勉強　　　4　きっかけに

어휘

散歩させる 산책시키다　　取得 취득　　国際免許 국제 면허　　寝られない 잠을 못 자다
子ども連れ 아이 동반

정답·해석 239p

6 毎日挨拶している ＿＿ ＿＿ ★ ＿＿ ない。
　1　わけが　　2　のに　　3　知らない　　4　私を

7 1年間の留学 ＿＿ ＿＿ ★ ＿＿ 多かった。
　1　ことが　　2　学んだ　　3　生活を　　4　通じて

8 おじいさんは歳 ＿＿ ＿＿ ★ ＿＿ 毎日運動しています。
　1　元気で　　2　の　　3　わり　　4　には

9 母が ＿＿ ＿＿ ★ ＿＿ 見て涙が出た。
　1　弁当を　　2　愛情を　　3　作った　　4　こめて

10 多くの人が ＿＿ ＿＿ ★ ＿＿ この奨学金ができた。
　1　くれた　　2　もとに　　3　送って　　4　お金を

挨拶 인사　留学 유학　歳 나이　涙 눈물　弁当 도시락　愛情 애정　奨学金 장학금

확인 문제 정답 및 해석

001 ~ 020

JLPT 문법_ 문법형식 판단 유형   52p

1. **3** 일찍부터 준비한 덕분에 차분하게 시험 문제를 풀 수 있었다.
2. **4** 이대로라면 이번에 큰비가 내렸을 때 강물이 넘칠 우려가 있다.
3. **3** 제가 사장이 된 이상은 회사의 발전을 위해 전력을 다하겠습니다.
4. **1** 이사를 했을 때는 인터넷에 등록된 주소의 변경을 무심코 잊어버리기 십상이다.
5. **4** '가을 장맛비'라는 말이 있는데 10월이 되고 나서 장마인가 싶을 정도로 매일 비가 이어지고 있다.
6. **2** 지금 시간은 도로가 막히기 때문에 버스나 택시보다 전철이 더 빨리 도착할지도 모른다.
7. **3** 이번 버스 사고는 운전기사가 피로로 졸았던 것이 원인이라고 한다.
8. **4** 태풍의 접근으로 오늘 밤부터 내일 아침에 걸쳐 각지에서 강한 비가 내리겠습니다.
9. **2** 나는 다쳐서 시합에 나가는 것을 포기하려고 했지만 친구들이 응원해 줘서 다시 한 번 연습을 시작했다.
10. **4** 이번 달부터 학교에서 수업을 듣는 대신에 인터넷 수업을 듣게 되었다.

JLPT 문법_ 문장 만들기 유형   54p

1. **1** 4-2-1-3
   회사에서 돌아온 아버지는 몹시 피곤한 얼굴을 하고 바로 목욕을 하겠다고 했다.
2. **4** 2-1-4-3
   중학생이 되면 이제 자기 방 정도는 청소하는 것이라고 엄마에게 야단맞았다.
3. **4** 3-2-4-1
   일본어 문법은 간단하지만 한자는 발음이 어려워서 잘 외우지 못한다.
4. **2** 3-4-2-1
   축구 연습은 매우 힘들지만, 지금까지 좋아하기 때문에 계속해 올 수 있었다.
5. **3** 2-4-3-1
   이 맨션은 역에서 가깝고 편리하기 때문에 다양한 연령의 사람들에게 인기가 있다.
6. **1** 4-2-1-3
   요즘 광고는 점점 화려해지고 있습니다.
7. **1** 2-4-1-3
   휴대폰을 잊어버린 것을 전철을 타다가 깨달았다.

| 8 | **1** 2-4-1-3

공항에서 가방을 착각할 우려가 있어서 표시를 했다.

| 9 | **2** 1-4-2-3

더울 때는 차가운 것만 먹기 쉬우니 조심합시다.

| 10 | **3** 2-1-3-4

오래된 책이라서 없을지도 모르지만 점원에게 한번 물어보겠습니다.

021 ~ 040

JLPT 문법_ 문법형식 판단 유형   98p

| 1 | **3** 휴대폰을 잊어버린 탓에 전화도 메일(문자)도 할 수 없어서 곤란했다.
| 2 | **2** 올림픽은 세계 여러 도시에서 4년마다 열립니다.
| 3 | **1** 이 버튼을 누르기만 하면 나머지는 기계가 전부 자동적으로 해 줍니다.
| 4 | **3** 어머니는 늘 '아무리 어려워도 남에게 폐를 끼치지 말라'고 가르쳐 주셨다.
| 5 | **4** 담당자가 올 때까지 여기서 기다릴 수밖에 없습니다.
| 6 | **2** 스스로 알아볼 만큼 알아보고, 모르는 부분은 선생님께 물어봅시다.
| 7 | **2** 회의 자료는 지금 읽고 있는 중이니 조금만 더 기다려 주세요.
| 8 | **4** 이 카페는 오후 7시부터는 술집을 하게 되었다.
| 9 | **3** 아무리 힘든 일이 있어도 사람들 앞에서는 기쁜 듯이 웃는다는 것은 어렵다.
| 10 | **3** 이 마을을 관광 도시로 발전시킨 것은 주민들의 노력이 크다.

JLPT 문법_ 문장 만들기 유형   100p

| 1 | **4** 3-2-4-1

아침에 일어나서 갓 지은 밥에 계란을 뿌려 먹는 것은 최고입니다.

| 2 | **2** 4-1-2-3

어머니에게 부탁받아 장을 보는 김에 택배를 보내고 왔다.

| 3 | **1** 2-4-1-3

프랑스에서 유학한 친구에게 메일을 보냈더니 예쁜 카드를 보내 주었다.

| 4 | **2** 4-1-2-3

요즘 딸은 쉬는 날마다 데이트를 하러 나가서 이야기할 기회가 없다.

5 3 4-1-3-2
나와 그녀는 설령 부모가 반대하더라도 결혼하고 싶다.

6 1 2-4-1-3
아이들이 옷을 진흙투성이로 만들며 밖에서 놀다 들어온 옛날이 그립다.

7 2 3-1-2-4
이제 곧 여름 방학인데 도서관이 쉬는 날은 일요일이었던가?

8 2 3-4-2-1
회사에서 돌아와 집에 들어오자마자 카레 냄새가 났다.

9 1 2-4-1-3
오늘은 평일인데 사람이 많은 건 왜일까?

10 3 4-2-3-1
만약 영어를 더 잘했다면 외국에 가서도 일을 할 수 있었을 텐데.

041 ~ 060

JLPT 문법_ 문법형식 판단 유형 142p

1 2 이번 계획에는 혼자 참가할 생각입니다만, 다른 사람에게도 한번 물어보겠습니다.
2 3 젊었을 때는 매일 늦게까지 친구와 놀았지만 결혼하고 나서는 생활이 달라졌다.
3 1 물가가 비싸고 생활이 너무 어렵기 때문에 밤에도 아르바이트를 하고 있다.
4 3 집에 전화했더니 모르는 사람이 나와서(받아서) 놀랐다.
5 4 스스로는 노력했다고 생각했지만 결과는 지난번 시험보다 나빴다.
6 4 벌써 비가 일주일이나 내리고 있어서 슬슬 그쳤으면 좋겠다.
7 2 이 사업은 지역 주민들의 협력이(협조가) 있어야 비로소 성공할 것이다.
8 1 저는 횡단보도를 건너는 할머니의 짐을 들어 드렸습니다.
9 3 가족을 위해 아이가 고생하는 영화를 보고 울었습니다.
10 3 비가 내리기 시작해서 서둘러 빨래를 안으로 들여놓았습니다.

JLPT 문법_ 문장 만들기 유형 144p

1 4 3-2-4-1
지진이 일어났을 때는 전철이나 버스나 대중교통이 멈추는 경우가 많다.

2 1 2-4-1-3
오키나와는 겨울에도 따뜻해서 정월에 가면 좋을 거예요.

| 3 | **3** 4-2-3-1

지금부터 식사를 하러 가려는 참인데 괜찮다면 같이 어떠세요?

| 4 | **3** 2-4-3-1

아무리 건강하다고 해도 나이가 들면 건강에 주의해야 한다.

| 5 | **2** 4-3-2-1

졸업 증명서는 신청서와 함께 내일까지 내 주세요.

| 6 | **4** 3-1-4-2

다음 달에 여행을 간다고 하면 이번 주 중에는 호텔 예약은 해 둡시다.

| 7 | **3** 4-1-3-2

요리는 레시피대로 만들었는데 맛이 없었다.

| 8 | **3** 2-4-3-1

저와 딸은 부모와 자식이라기보다 친구처럼 지내고 있습니다.

| 9 | **1** 4-2-1-3

3월은 봄이라고 해도 아침저녁은 아직 춥습니다.

| 10 | **1** 4-3-1-2

언제까지나 무리는 계속되지 않는다고 친구로서 그에게 충고했다.
(언제까지나 무리하면 오래 가지 못한다고 친구로서 그에게 충고했다.)

061 ~ 080

JLPT 문법_ 문법형식 판단 유형   186p

| 1 | **1** 남의 소문 따위 신경 써서는 안 됩니다.
| 2 | **4** 비가 오는 모양인지 밖에는 우산을 쓴 사람이 걷고 있다.
| 3 | **3** 손님이 온다고 하니 방을 청소하지 않을 수 없나.
| 4 | **2** 골프를 좋아한다고 해서 잘 친다고는 할 수 없다.
| 5 | **2** 이렇게 날씨가 좋은데 오후부터 큰비가 내린다니 믿을 수 없습니다.
| 6 | **4** 버섯 연구에 있어서는 야마다 박사가 가장 유명하다.
| 7 | **2** 남녀, 연령에 관계없이 여기서는 모두 같은 교과서(교재)로 공부합니다.
| 8 | **1** 땀을 흘리며 운동한 뒤에는 뜨거운 (물로) 샤워를 하는 것이 제일이다.
| 9 | **3** 로봇 기술에 있어서는 일본은 세계적 수준이다.
| 10 | **2** 이렇게 먹으면 배가 아픈 게 당연하다.

JLPT 문법_ 문장 만들기 유형　　　　　　　　　188p

1. **3**　2-4-3-1
   상점가가 번화한 데 비해 공원은 조용합니다.
2. **1**　4-2-1-3
   개에게 있어서의 1년은 인간의 7년 정도라고 합니다.
3. **4**　2-1-4-3
   이대로 계속하든 그만두든 지금은 시기가 나쁘다.
4. **4**　3-2-4-1
   졸업식을 3월로 하는 나라는 별로 많지 않습니다.
5. **2**　4-3-2-1
   여기에는 지진이나 태풍에 대해 주의할 것이 적혀 있습니다.
6. **1**　3-4-1-2
   지금 계절은 어디서나 게가 맛있음에 틀림없다.
   (지금 계절은 어디서나 틀림없이 게가 맛있다.)
7. **1**　4-2-1-3
   사고는 교통 규칙을 따르고 있어도 일어나는 경우가 있다.
8. **2**　3-4-2-1
   일본 팀은 기대와는 달리 우승하지 못했다.
9. **3**　2-4-3-1
   지진은 넓은 지역에 걸쳐 큰 피해를 입힌다.
10. **3**　4-1-3-2
    스포츠는 좋아하는데 마라톤만큼은 질색이다.

081 ~ 100

JLPT 문법_ 문법형식 판단 유형　　　　　　　　　230p

1. **4**　두부는 칼로리가 낮을 뿐만 아니라 영양도 풍부하다.
2. **2**　그 백화점은 월요일이 휴무일 것이다.
3. **3**　신발은 신으면 신을수록 발에 익숙해져 걷기 편해진다.
4. **1**　어떻게 사고가 일어났는지 회사는 성실하게 설명해야 한다.
5. **2**　그만큼 국민에게 사랑받은 시인은 없을 것이다.

| 확인 문제 | 정답 및 해석 |

| 6 | 2 | 그 가게는 이름도 주소도 모르기 때문에 찾을 수가 없었다.
| 7 | 4 | 이 책은 외국인용으로 알기 쉽게 쓰여져 있습니다.
| 8 | 3 | 친구에게 연락하지 못한 채 한 달이 지났다.
| 9 | 1 | 즐거운 시간은 금방 지나가는 법이다.
| 10 | 1 | 그 사람은 일본이 처음인 것 같아서 길을 알려 주었습니다.

JLPT 문법_ 문장 만들기 유형 232p

| 1 | 4 | 3-1-4-2
추워서 밖에 나가려고 하지 않는 아이에게 개를 산책시켰다.
| 2 | 1 | 2-4-1-3
외국에서도 운전을 할 수 있도록 국제 면허를 취득했다.
| 3 | 1 | 4-3-1-2
어제는 밤에 아이가 울어서 전혀 잘 수 없었다.
| 4 | 4 | 3-2-4-1
어린이날이기 때문에 어디에 가도(어디를 가든) 아이 동반이 많은 것이군요.
| 5 | 2 | 1-4-2-3
한국 드라마를 계기로 한국어를 공부하게 되었다.
| 6 | 3 | 2-4-3-1
매일 인사하는데 나를 모를 리가 없다.
| 7 | 2 | 3-4-2-1
1년간의 유학 생활을 통해 배운 것이 많았다.
| 8 | 4 | 2-3-4-1
할아버지는 나이에 비해서는 건강하고 매일 운동하고 있습니다.
| 9 | 3 | 2-4-3-1
엄마가 애정을 담아 만든 도시락을 보고 눈물이 났다.
| 10 | 4 | 3-1-4-2
많은 사람들이 보내 준 돈을 바탕으로 이 장학금이 생겼다.

JLPT 일본어 문형 N3

초판 인쇄	2025년 3월 10일
초판 발행	2025년 3월 20일
저자	JLPT 연구모임
감수	최민경
편집	조은형, 김성은, 오은정, 무라야마 토시오
펴낸이	엄태상
디자인	이건화
조판	이서영
콘텐츠 제작	김선웅, 장형진
마케팅	이승욱, 왕성석, 노원준, 조성민, 이선민
경영기획	조성근, 최성훈, 김로은, 최수진, 오희연
물류	정종진, 윤덕현, 신승진, 구윤주
펴낸곳	시사일본어사(시사북스)
주소	서울시 종로구 자하문로 300 시사빌딩
주문 및 교재 문의	1588-1582
팩스	0502-989-9592
홈페이지	www.sisabooks.com
이메일	book_japanese@sisadream.com
등록일자	1977년 12월 24일
등록번호	제300-2014-31호

ISBN 978-89-402-9440-6 (13730)

* 이 책의 내용을 사전 허가 없이 전재하거나 복제할 경우 법적인 제재를 받게 됨을 알려 드립니다.
* 잘못된 책은 구입하신 서점에서 교환해 드립니다.
* 정가는 표지에 표시되어 있습니다.